新时代劳动教育

主　编　邱家才　成朝阳

中国财经出版传媒集团
中国财政经济出版社

图书在版编目（CIP）数据

新时代劳动教育 / 邱家才，成朝阳主编．— 北京：中国财政经济出版社，2020. 9（2025.2重印）

ISBN 978 – 7 – 5223 – 0059 – 7

Ⅰ．①新… Ⅱ．①邱… ②成… Ⅲ．①劳动教育 – 高等学校 – 教材 Ⅳ．①G40 – 015

中国版本图书馆 CIP 数据核字（2020）第 182432 号

责任编辑：郑保华　钱红叶　　组稿编辑：谷　文

责任印刷：张　健　　封面设计：育林华夏

新时代劳动教育

XINSHIDAI LAODONG JIAOYU

中国财政经济出版社 出版

URL：http：//www. cfeph. cn

E – mail：cfeph@ cfeph. cn

社址：北京市海淀区阜成路甲 28 号　邮政编码：100142

营销中心电话：010 – 88191522

天猫网店：中国财政经济出版社旗舰店

网址：https：//zgczjjcbs. tmall. com

北京鑫海金澳胶印有限公司印刷　各地新华书店经销

成品尺寸：185mm × 260mm　16 开　9 印张　140 000 字

2020 年 11 月第 1 版　2025 年 2 月北京第 7 次印刷

定价：38. 00 元

ISBN 978 – 7 – 5223 – 0059 – 7

（图书出现印装问题，本社负责调换，电话：010 – 88190548）

本社质量投诉电话：010 – 88190744

打击盗版举报热线：010 – 88191661　QQ：2242791300

前　言

劳动教育是中国特色社会主义教育制度的重要内容，直接决定社会主义建设者和接班人的劳动精神面貌、劳动价值取向和劳动技能水平，是学生成长的必要途径，具有树德、增智、强体、育美的综合育人价值。实施劳动教育重点是在系统地学习文化知识之外，有目的、有计划地组织学生参加日常生活劳动、生产劳动和服务性劳动，让学生动手实践、出力流汗，接受锻炼、磨炼意志，培养学生正确的劳动价值观和良好的劳动品质。

为构建德智体美劳全面培养的教育体系，党中央、国务院高度重视，2020 年 3 月印发《关于全面加强新时代大中小学劳动教育的意见》。在此背景下，我们组织人员认真编写了《新时代劳动教育》。本书以习近平新时代中国特色社会主义思想为指导，全面贯彻党的教育方针，落实全国教育大会精神，坚持立德树人，坚持培育和践行社会主义核心价值观，把劳动教育纳入人才培养全过程。本书针对高职、技工院校和中职阶段的劳动教育课程，目的是使学生理解和形成马克思主义劳动观，牢固树立劳动最光荣、劳动最崇高、劳动最伟大、劳动最美丽的观念；体会劳动创造美好生活，体认劳动不分贵贱，热爱劳动，尊重普通劳动者，培养勤俭、奋斗、创新、奉献的劳动精神；具备满足生存发展需要的基本劳动能力，形成良好劳动习惯。着重强调高职、技工院校和中职阶段学生的职业劳动能力和学生进入社会所必须的职业素养。

本书由衡阳技师学院邱家才、成朝阳担任主编；衡阳技师学院刘敏、向米玲，长沙市岳麓区西雅中学王桂芳，湖南财经工业职业技术学院刘艳平担任副主编；衡阳技师学院陈昌平、蒋铁球、欧阳智勇、向清然、张晓源、赵彩霞、汪双平、周翔宇、郭晓庆、胡艳科、罗辉云、贺玲俐、刘星宇，湖南劳动人事职业技术学院唐瑶任参编。

由于编写时间仓促，加之编者水平有限，书中难免有错漏之处，敬请专家、读者指正，以便我们再版时改正。

编者

2020 年 9 月

目　录

第一部分　劳动精神、劳模精神与工匠精神

第二部分　劳动知识与职业素养

第三部分 劳动实践

第一部分

劳动精神、劳模精神与工匠精神

第一章　劳动基本理论

本章目标：

了解劳动的基本概念和定义

认知我国劳动概念的形成与发展

初步了解新时代劳动精神

早在石器时代，人类还不能被称作“人类”的时候，上山下海，捕鱼抓虾这种基础的生存行为，就被称作最基本的“劳动”。从词义上解释，劳动是发生在人与自然界之间的活动。其实质是通过人的有意识的有一定目的的自身活动来调整和控制自然界，使之发生物质变换，即改变自然物的形态或性质，为人类的生活和自己的需要服务。

劳动发展到当代，早已经形成基于哲学、行为学、经济学等在内的综合定义。本章我们主要通过适合大学生这一年龄段的与劳动相关的定义、发展趋势和概念，为我们所理解的“劳动”描绘出一个整体的框架，从劳动的范畴、目的和指导思想层面，为我们解答一个根本性的问题：劳动，究竟要学什么？

第一节　劳动相关的基本概念

“劳动”一词的定义有很多，我们主要从行为学和经济学方面进行阐述。

劳动是人类创造物质或精神财富的活动。劳动是人类社会生存和发展的基础，主要是指生产物质资料的过程，劳动是人维持自我生存和自我发展的唯一手段。按照传统的劳动分类理论，劳动可以分为体力劳动与脑力劳动。

体力劳动是人类通过消耗体力而完成的劳动。在汉语的语言体系中，“劳动”一词也有特指体力劳动的含义，与之对应的是体力劳动者。

脑力劳动是人类通过输出知识、技能而完成的劳动，需要有一定的知识和技能的储备，是一种较为复杂的劳动形式，与之对应的是脑力劳动者。

对大学生而言，体力劳动包含了基础劳动、生产劳动及服务性劳动。而基础劳动，又包含了自我服务劳动与日常生活（家务）劳动。

对脑力劳动而言，大学生层级的脑力劳动，主要指的是职业劳动中的职业实训、顶岗实习以及基础职场劳动。这些劳动的目的主要在于为学生与社会之间架设一道桥梁，作为学生与职业人之间的过渡劳动而广泛存在。

对劳动的目的性而言，大学生阶段的劳动教育及劳动课程，其目的主要在于让我们出力流汗，接受锻炼，磨炼意志，培养正确的劳动价值观和劳动品质。

一、劳动力的含义

劳动力是指人的劳动能力，蕴藏在人体中的脑力和体力的总和。劳动力是商品，它和其他商品一样具有价值和使用价值。劳动力商品的使用价值是由生产和再生产劳动力商品的社会必要劳动时间决定的。

为更好地把握劳动力的含义，需了解并熟悉如下几个方面：

（1）劳动适龄人口，指的是年龄处于适合参加劳动的阶段，作为劳动力统计的人口。人口学中一般以 16—64 岁期间的人口为劳动适龄人口；我国一般规定男子 16—60 岁期间、女子 16—55 岁期间的人口为劳动适龄人口。

（2）劳动力成本，是指用人单位因雇佣社会劳动力而支付的费用以及资金等。劳动力成本的范围大于工资，不仅包括以货币形式支付给劳动者的工资，还包括以物质或非物质形式发放的福利，如发放实物福利、给予社会保障、提供培训机会等。劳动力成本是劳动者所有报酬的总和。

（3）劳动力结构，指的是劳动就业人口在不同产业的分布，即不同产业的劳动就业人口在总劳动就业人口中所占的比重。劳动力结构是综合反映社会经济面貌的一项重要指标，也是决定经济发展的一个重要因素。劳动力结构的合理化，是国民经济健康发展的必要条件。与之对应的概念是劳动力结构性短缺，指某个时间段内某个行业或者说某个领域的劳动力需求无法供应。如近些年，随着电子信息技术的崛起，网络通信和电子竞技等新兴行业的建立，急需大批该领域的劳动力，但相关行业的劳动力培养需要时间和过程，这就造成了这一段时期内新兴行业的劳动力结构性短缺。

二、劳动者的概念及分类

劳动者指达到法定年龄，具有劳动能力，以从事某种社会劳动获得收入为主要生活来源，依据法律或合同的规定，在用人单位的管理下从事劳动并获取劳动报酬的自然人。

从上述阐述中可以总结出，劳动者是达到法定年龄、具有劳动能力、在一定规则或管理约束下从事劳动并赚取生活资料的自然人。通俗地说，即是“合法走上工作岗位的人”。劳动者的主体资格开始于劳动者最低用工年龄（除特种工作外为16周岁），终止于法定退休年龄。

马克思在《资本论》中定义：“我们把劳动力或劳动能力，理解为人的身体即活的人体中存在的、每当人生产某种使用价值时就运用的体力和智力的总和”。即劳动者可分为体力劳动者和脑力劳动者。

体力劳动者可以具象为从事以消耗体力为主的工作的劳动者，他们通常不担任管理岗位，主要分布在工业、农业、建筑、交通运输等以体力劳动付出为主的行业。

脑力劳动者可以具象为从事以输出知识、技能为主的工作的劳动者，他们通常具有一定科学文化水平、专业技术知识与技能并以此进行劳动活动。如管理人员、科研工作者、教育工作者等。

脑力劳动是一种质量较高的复杂劳动，单凭劳动者的传统经验无法完成，必须具有丰富的文化科学知识才能进行。所以，这种复杂劳动能力的获得，需要较长时间的学习和积累。

三、生产力、生产关系与劳动

1. 生产力、生产关系与劳动力的定义联系

劳动力是马克思主义政治经济学中的概念，是指人的劳动能力，是人的体力劳动和脑力劳动的总和。生产力是指具有劳动能力的人和生产资料相结合而形成的改造自然的能力，即人类创造新财富的能力，是社会发展的内在动力基础。所以，生产力就是人实际进行生产活动的能力，也是具体劳动产出的能力。

构成生产力的基本要素是：以生产工具为主的劳动资料、引入生产过程的劳动对象以及具有一定足够劳动能力的劳动者。它是社会发展的内在动力基础。

生产关系指的是人们在物质资料生产过程中结成的相互关系。它的具体内容包括人们在物质资料的生产、交换、分配、消费等方面的关系。

生产关系包括生产资料所有制形式、劳动者在生产中的地位及其相互关系和产品分配方式三项内容。生产资料所有制是生产关系的基础，一定的生产资料所有制形式，决定人们在生产中一定的地位和相互关系、产品分配和消费关系等。

2. 生产力、生产关系与劳动的内在联系

在生产劳动中，生产力是内容，较为活跃；生产关系是形式，相对稳定。根据内容与形式的辩证原理：内容决定形式，形式反作用于内容，生产力与生产关系就是决定与反作用的关系，这种关系是对立统一关系的进一步展开和具体化。劳动作为生产

力的具象行为，与生产在定义上有部分重合。

（1）生产力决定生产关系。生产力的性质、水平和发展要求决定生产关系的性质、状况和形式。通俗地说，就是有什么样的生产力，就会有什么样的生产关系。生产力的性质和水平决定与之相适应的生产关系的性质和具体形式，每一种现实的生产关系都是建立在一定性质和水平的生产力基础之上的。马克思指出：“手推磨产生的是封建主为首的社会，蒸汽磨产生的是工业资本家为首的社会。”所以，在生产劳动中，生产力既是决定的因素，又是变革的因素，整个社会生产方式的变化总是从生产力的变化和发展开始的。

随着生产力的发展，现有的由它所建立并同它相适应的生产关系，变得愈发不能适应，以至于不能继续保持其稳定不变的状态。在这种情况下，生产关系就不得不进行部分的变革以继续维持它的存在。当这种生产关系已经完全不能适应生产力继续发展的客观要求时，就必须进行全面的变革，以适合生产力发展状况的生产关系来代替原来已经丧失存在价值的生产关系。

（2）生产关系对生产力具有能动的反作用，与劳动力强相关。生产关系对生产力的反作用表现在以下两个方面：

第一，生产关系同生产力的发展要求相适合时，生产关系有力地推动生产力的发展。它为生产力诸要素的结合，提供了较为稳定的形式，从而把潜在的、可能的生产力变为现实的生产力，能够较为充分地调动生产力中的积极因素，使其发挥作用。同时，适合的生产关系也为生产力的发展提供了一个更广阔的空间，从而使生产力的进一步发展有了余地。

第二，当生产关系不适合生产力发展要求时，生产关系会阻碍生产力的发展。当生产关系落后于生产力的状况及其发展要求时，它便无法对生产力提供足够的发展空间，反而因与生产力的不适应而对生产力的发展起到制约和阻碍的作用。所以，生产力推动生产关系的改变可以称为“变革”。

拓展阅读：劳动节的由来

自18世纪中叶起，欧美等许多国家，逐步由资本主义发展到帝国主义阶段，为了刺激经济的高速发展，掠取更多的剩余价值，资本家不断采取增加劳动时间和劳动强度的办法来残酷地剥削工人。当时的美国，工人们每天要劳动14—16个小时，有的甚至长达18个小时，但工资却很低。沉重的阶级压迫激起了工人们巨大的愤怒。为争取提高工资、缩短工作时间，1867年，芝加哥工人第一次发动争取八小时工作制的示威，被当时的芝加哥市长下令镇压；1877年的铁路工人大罢工，被时任总统海斯直接下令派军队镇压。虽然此次铁路罢工迫使美国国会制定了八小时工作制的法律，但资本家们根本不予理睬，这项法律成了一纸空文。

1877年5月1日，美国2万多个企业的35万工人停工上街，举行了声势浩大的示威游行，不同肤色、不同工种的工人一齐进行总罢工。仅芝加哥一个城市，就有4.5万名工人涌上街头。这样一来，美国的主要工业部门处于瘫痪状态，铁路交通停运，商店关门大吉，就连仓库也都大门紧闭。

5月3日，在芝加哥麦考密克收割机工厂，一支工人纠察队遭到警察袭击，一名纠察队员被打死，多人受伤。5月4日晚，工人群众在干草市场召集大会，抗议政府的暴行。3000余名工人参加了大会。正当大会顺利进行时，突然有破坏分子投出一枚炸弹，炸死几名警察。警察立即开枪，当场打死数人，打伤200余人。

由于无法证实是何组织投出的炸弹，这件事便成了攻击劳工游行活动的把柄，警察查抄怀疑对象的家和办公室，有数百人在未指控下被逮捕，尤其是那些此次活动的领导者被袭击，8名芝加哥活动的积极倡导者被指控涉嫌广场炸弹事件和企图谋反。法庭在证据不足的情况下开庭审判，判处其中4人绞刑，有1人在狱中自杀，其余三人直至1893年才得以释放。

这场斗争虽然被镇压了，但其意义却十分深远，此后由于各国工人阶级的团结和不断斗争，终于赢得了8小时工作制。为了纪念美国工人阶级在此次事件中的英勇斗争，1889年7月，恩格斯领导的第二国际召开的巴黎大会决定，自1890年起每年5月1日定为国际劳动节。

在我国，中央人民政府政务院于1949年12月做出决定，将5月1日确定为劳动节。

第二节　马克思主义劳动观

一、马克思主义中的劳动概念

马克思在《1844年经济学哲学手稿》中阐述了异化劳动：从现实的人出发，劳动的现实化就是工人的非现实化。马克思通过对现实社会的劳动问题出发进而强调了劳动概念的重要性，将劳动概念上升到是创造人类社会的高度，提出劳动是马克思主义理论中的核心，人类将通过劳动实现自由。马克思主义劳动观的历史意义如下：

1. **确立了劳动的主体地位**

马克思主义全部理论是以历史唯物主义和剩余价值理论为基础提出的，而劳动是马克思主义理论的中心范畴，历史唯物主义是唯物的劳动历史论，剩余价值理论是劳动的价值论。马克思强调："劳动创造世界"，"体力劳动是防止一切社会病毒的伟大的消毒剂"。恩格斯也指出："历史破天荒第一次被安置在它的真正基础上：一个很明显而以前完全被人忽略的事实，即人们首先必须吃、喝、住、穿，就是说首先必须劳动，然后才能争取统治，从事政治、宗教和哲学等等，这一很明显的事实在历史上应有的权威此时终于被承认了"①。历史唯物主义在劳动发展史中找到了人类存在的意义，劳动创造和改造了人类的生存世界（包括自然世界和社会世界），唯物的劳动观揭示了从猿到人的转变是劳动创造了人本身，没有劳动就没有人类社会。

2. **揭示了资本主义劳动中的异化**

从原始的手工劳动到现代的机器生产劳动，马克思看到了劳动在资本主义社会中产生的劳动异化：人与人的劳动关系常常被表面的经济关系掩盖住了，人与人的关系变成了物与物的关系，人在社会实践中应当处于主体地位，为了生活却将劳动力作为商品出卖给了资本，在生产实践中被物给奴役了，建立在劳动者自己身上的私有制会使得劳动者一无所有，将全部的财富转移到了资本家的手里。马克思所指出的劳动异化可以理解为两个方面的异化，即人的外部异化和人自身内部的异化。外部异化可以从根源上破除这种资本主义社会制度，消灭分工，消灭私有财产，人不会为这种制度而麻木地、僵化地进行劳动生产。内部异化则需要从人本身的各个方面来使异化劳动变为自由自觉的劳动，将人们埋藏在身体内部的劳动本能发掘出来，这样的"自由自觉"的劳动是纯粹的，是发自内心的、愿意进行的劳动生产。

3. **提出了解放劳动的要求**

马克思认为，劳动不应是令人厌恶的、强制的，而应是人生命本质的体现，是发自内心的自由自觉的。人不能为了生活而出卖自己的劳动，要反对资产者的阶级压迫，无产阶级组织需要带领劳动群众进行劳动解放，还劳动一个真实的"面貌"。

"在共产主义社会里，任何人都没有特殊的活动范围，而是都可以在任何部门内发展，社会调节着整个生产，因而使我有可能随自己的兴趣今天干这事，明天干那事，上午打猎，下午捕鱼，傍晚从事畜牧，晚饭后从事批判……"②。"新社会的国际原则将是和平，因为每一个民族都将有同一个统治者——劳动！"马克思所倡导的未来社会的劳动是一个共同占有生产资料并消灭异化的劳动，劳动恢复其本来的面貌和功能，实

① 《马克思恩格斯全集》第19卷，人民出版社2006年版，121－123页。

② 《马克思恩格斯选集》第1卷，人民出版社2016年版，165页。

现自身的回归，实现这种劳动的措施就是生产资料共同占有，这是一种理想状态的劳动回归。

4. 给予了新时代劳动思想的借鉴和价值

马克思主义劳动观提供了在新时代社会主义核心价值观当中劳动思想的历史借鉴和时代价值。马克思对劳动现实进行了阐述，说明了在资本主义统治的时期工人是如何麻木地被资本奴役，工人的劳动产生的价值被资本家无情地占有，支付给工人的工资也只不过是榨取工人的剩余价值中少得可怜的一部分，这样的雇佣劳动使得工人一贫如洗。

马克思主义劳动观给现实的人们揭示了无情的社会，并提供了未来社会建设的正确的理论指导，有其时代的先进性，是新时代社会主义劳动思想的理论基础。同时研究马克思主义劳动观的历史重要性不仅在于面向现在的新时代劳动观的发展，更是为了面向人类劳动即将应对的挑战。

二、马克思主义劳动价值论

通过对商品关系的分析，马克思阐明了商品的二因素（价值和使用价值）、生产商品的劳动二重性、价值量和价值规律、价值形式的发展、货币的起源、商品经济的基本矛盾及基本规律等，形成了科学的劳动价值论。

1. 劳动价值论概述

马克思劳动价值论是一个严谨的科学理论体系，该理论可以简单表述为如下两个方面。

（1）摒弃了传统政治经济学的观点，奠定了剩余价值理论的基础。马克思在继承古典政治经济学劳动创造价值的理论的同时，创立了劳动二重性理论，第一次确定了什么样的劳动形成价值，为什么形成价值及怎样形成价值，阐明了具体劳动和抽象劳动在商品价值形成中的不同作用，从而为揭示剩余价值的真正来源，创立剩余价值论奠定了基础。此外，马克思的资本有机构成理论、资本积累理论、社会资本再生理论等一系列有关现代政治经济学重要理论的创立也都与劳动二重性学说有关。所以，劳动二重性理论也成为理解政治经济学的核心。

（2）揭示了商品经济的一般规律，为社会主义市场经济发展提供了理论指导。马克思劳动价值论是在对资本主义商品经济的分析中得到的，但是如果撇开其中的制度因素，它包含的关于价值的本质和价值量的规定的理论，关于价值形式的演变和货币的产生及其本质的理论，关于价值规律的理论等，都是对商品生产、商品交换和市场经济发展最一般规律的揭示。

2. 劳动价值论的现实发展

由于马克思所处的时代，与现今社会发展差距较大，其价值观点局限于当时的社会背景。所以，应当在充分理解马克思劳动价值论的基础上，结合现今经济社会背景深化理解，才能更加合理地运用。

（1）深化对创造价值的劳动的认识，对生产性劳动做出新的界定。《资本论》中重点考察的是物质生产劳动，物质生产领域的劳动才是生产性劳动并创造价值，而绝大部分非物质生产领域的劳动属于非生产性劳动，不创造价值。在当今时代，随着第三产业的发展，服务性劳动的地位和作用越来越重要，生产型劳动当中包含大量非物质生产领域的服务性劳动。因此应当在理论上充分肯定服务性劳动也是创造价值的劳动，以利于推动第三产业更快地发展。

（2）深化对科技人员、经营管理人员在社会生产和价值创造中所起作用的认识。马克思在关于“总体工人”的论述中，对脑力劳动给予了肯定，认为脑力劳动也是创造价值的劳动，但他重点研究的只是物质生产领域的体力劳动。在当今社会，在科技创新和知识创新越来越重要的条件下，科技劳动和管理劳动等脑力劳动，不仅作为一般劳动在价值创造中起着重要作用，而且作为更高层次的复杂劳动创造的价值要大大高于简单劳动。

（3）深化对科技、知识、信息等新的生产要素在财富和价值创造中作用的认识。在坚持马克思关于人的抽象劳动是价值的唯一源泉这一劳动价值论的基本观点的同时，要充分肯定科技、知识、信息等新的生产要素在提高生产效率、促进生产力发展、增加使用价值和价值形成中的重要作用。科学技术本身并不能创造价值。但科学技术在生产中的应用可以使劳动对象的范围更广、性能更好，从而有利于提高劳动生产效率。科学技术还可为劳动者所掌握，而掌握了科学技术的劳动者可以提高劳动效率，创造出更多的使用价值和价值。故而，应当充分认识科学技术的作用，并大力发展科学技术。

三、马克思主义劳动观的当代价值

将马克思主义劳动观融入社会主义核心价值观，劳动作为马克思主义理论在社会主义核心价值观的本质体现。劳动既能推动国家的发展，又能体现社会的需求。

1. 劳动推动国家发展

不论哪个国家或民族都是靠着劳动来发展壮大的，广大青年只有热爱劳动，积极投身于劳动、建设当中去，国家才会富裕，才能创造出更多的社会财富。“空谈误国，实干兴邦”，劳动让中华民族从站起来到富起来再向强起来发生了根本的转变，人民用辛勤的劳动提高了中国的综合国力，实现社会主义现代化建设目标，实现全面建成小康社会，实现两个“一百年”的奋斗目标，实现中华民族伟大复兴，托起了中华民族伟大复兴的梦想。劳动对国家层面的推动作用主要体现在以下两个方面：

（1）劳动推动民主。社会主义国家民主表现在少数服从多数的原则，劳动的发展方式决定了民主的程度，人民用劳动实现自己的生存权和平等权，每一个劳动者都可以成为国家的主人，为自己主张权利，成为社会主义国家民主形式的创造者和参与者。

（2）劳动推动文明。劳动创造了物质文明和精神文明，在具有五千年悠久历史的中国，劳动人民推动了人类文明的发展，无论时代发展到何种程度，劳动都推动着人类历史的前进，书写人类文明史。

2. 劳动的社会需求

劳动在悄无声息中形成的文化环境影响和改变人类所构成的社会的发展。在资本主义社会，劳动是受控制的，是一种劳动的异化，是不自由、不自觉的；马克思在未来社会的发展指出了劳动必将实现自由和自觉，也会推动未来社会向着自由、自觉发展。劳动的发展离不开社会的支持，也对当下社会环境提出了要求。

（1）劳动要求平等。“三百六十行，行行出状元”，职业是平等的，劳动没有贵贱之分，没有优劣之别，每个人都应劳动，从事各行各业，社会才能得以全面发展。劳动者是平等的，每个人都是生来平等的，没有等级之分，我们要尊重劳动者、爱护劳动者。

（2）劳动要求公正。公平正义是劳动者在实践活动中追求的，坚持以实事求是、不弄虚作假的原则维护好正义一方的权利，在分配结果上坚持按劳分配，实行多劳多得的政策，推动整个社会的公正氛围的建设。

（3）劳动要求法治。我国是社会主义法治国家，我们拥有法律制度，劳动者可以依据法律维权，用《中华人民共和国劳动法》《中华人民共和国劳动合同法》等法律法规保护自己的权利，履行应尽的义务。让劳动者懂得用法律的武器维护其自身的权益，社会的法治建设便会更上一层楼，更好地维持社会秩序的稳定。

第三节　新时代劳动思想解读

前文已述，劳动是人类社会赖以生存和发展的基础，是人类最基本的实践活动，历史在劳动的发展中前进。劳动是公民的法定义务和法定权利。劳动是公民创造个人财富和实现个人价值的重要手段。社会主义核心价值观是马克思主义中国化的重要内容，而劳动是马克思主义的中心范畴，所以，劳动在社会主义核心价值观中贯穿于始终。每一个中国公民都应该以自己的辛勤劳动对社会主义现代化建设贡献力量。

对于新时代劳动思想而言，也并非是“万丈高楼平地起”，而是对马克思主义劳动价值观进行了多次的浓缩和再阐述的结果。

一、新时代劳动思想概述

习近平总书记十分重视社会主义核心价值观的建设。自党的十八大以来，以习近平为核心的党中央不断提出建设社会主义核心价值体系的新思想、新思路。对于社会主义核心价值观中的劳动思想，习总书记也做出了新时代新解读。习近平新时代中国特色社会主义劳动观是继承了马克思主义劳动观的基本思想同时也结合了我国传统文化的劳动理念，将劳动视为推动社会发展的本质力量，坚持“实干才能梦想成真”。

1. 新时代劳动思想必须将马克思主义劳动观贯彻始终

美好生活是对人的自由而全面发展的生活状态的总称，涵盖着政治生活、经济生活、文化生活、社会生活、环境生态、人性修养以及人际关系等各个方面。马克思在其劳动观念体系中，立足于辩证唯物主义和历史唯物主义，分别从哲学、政治经济学以及科学社会主义等视角间接指明了以劳动实践为基础的人类美好生活的构建维度，这为新时代我们创建美好生活指明了努力方向。

自由而全面的劳动为美好生活构建提供理想图景和环境保障。从精神理念和外部环境的保证上来说，只有自由而全面的劳动才能带来美好生活。劳动既是“人化自然”的过程，也是“自然人化”的过程。在自由全面劳动的前提条件下，劳动者能在劳动过程中实现身心和谐健康发展，能在劳动过程中全身心投入，磨砺心志，提升人格，感受到真善美的意境，领悟人生的真谛，从而实现美好生活的目标与理想。

2. 劳动者是国家的主人，一切劳动和劳动者都应当得到鼓励和尊重

劳动者作为国家的建设者，自然也是国家的主人。在新时代劳动思想中，一切劳动和劳动者，不应有等级甚至阶级之分，都应当得到鼓励和尊重。

这一点从劳模精神上可以得到具体的体现。我国多年以来一直宣扬“爱岗敬业、争创一流、艰苦奋斗、勇于创新、淡泊名利、甘于奉献”的劳模精神，利用劳模精神让“热爱劳动蔚然成风”，以劳动的力量引领时代发展。坚决反对形式主义、官僚主义、享乐主义和奢靡之风，营造劳动最光荣的正能量的社会氛围，培养真抓实干、埋头苦干的良好风尚，推动社会向前发展。劳动者要积极劳动才能实现发展的美好愿望，才能创造更加幸福美好的生活，才能推动社会和谐。其中“爱岗敬业”排在第一的原因有很多，其中的一个重要原因，是劳动者的岗位没有区别，也不应该存在区别。

3. 通过诚实劳动创造美好生活

我们崇尚劳动、尊重劳动，更要以正确的态度付出劳动、从事劳动。以诚为先、以诚为重、以诚为美，这才是劳动应有之义。劳动固然重要，但更重要的是以什么样的态度和方式去劳动。人们的思想和文化是多元的，但辛勤劳动、诚实劳动、富有创造性的劳动才是我们所积极倡导和弘扬的；反之，功利的、非法的、具有破坏性的行为，即使是劳动，也是我们要予以抵制和反对的。

我们常说劳动创造美，那是因为劳动本身是美的。只有诚实劳动，才能创造实实在在的价值。因此，劳动最光荣、劳动最崇高、劳动最伟大、劳动最美丽。人类如此美好的一种行为和品质，应该在今天得到更好的传承和弘扬，而不能因为被利益迷了眼，而对劳动的内涵有所误读。好逸恶劳、好吃懒做自然不是我们所倡导的劳动观，而劳动中投机取巧、偷奸耍滑同样与我们的主流价值观相违背。

二、新时代劳动教育的内涵与外延

1. 劳动教育让我们拥有正确的世界观、人生观和价值观

恩格斯说："劳动是整个人类生活的第一个基本条件，而且达到这样的程度，以致我们在某种意义上不得不说：劳动创造了人本身。"劳动是生产和发展最重要的实践形式之一，通过劳动教育，使学生能够理解和形成马克思主义劳动观，牢固树立劳动最光荣、劳动最崇高、劳动最伟大、劳动最美丽的观念；体会劳动创造美好生活，体认劳动不分贵贱，热爱劳动，尊重普通劳动者，培养勤俭、奋斗、创新、奉献的劳动精神；具备满足生存发展需要的基本劳动能力，形成良好劳动习惯。

作为新时代的大学生，劳动教育肩负着重要的世界观、人生观、价值观的培育功能。通过劳动教育，青年大学生可以更加深刻地理解劳动的本质，认清劳动与社会发展的关系，以科学理性的态度对待劳动、劳动者与生产方式；通过劳动教育，可以让青年大学生在了解自然、认识世界的同时，也了解劳动人民的疾苦，认识劳动对于社会发展起到的重大作用，加深其对社会历史发展的理解，形成积极向上的新时代劳动价值观。通过劳动教育，有助于青年大学生养成勤奋、踏实、严谨的劳动品质，使其在劳动实践中成长。作为进入社会前的最后一站，大学的劳动教育可以帮助青年大学生夯实基础，掌握技能，提升劳动精神面貌，成为社会主义事业真正的建设者和接班人。

2. 劳动教育能让我们做到知识与劳动的知行合一

新时代青年大学生应该树立以劳动为基础，知行合一的人生观。当代大学生知识丰富、视野开阔、思维活跃，但是也有个别大学生只是学习了书本知识，既缺乏劳动

的磨炼，又没有实践的经验，“不珍惜劳动成果、不想劳动、不会劳动”，这样的劳动精神面貌，突显出加强大学生劳动教育的紧迫。

因此，劳动教育对于我们最大的作用，是加强学校教育与社会生活、生产实践的直接联系，发挥劳动在个人与社会之间的纽带作用，引导学生认识社会，增强社会责任感；同时注重让学生学会分工合作，体会社会主义社会平等、和谐的新型劳动关系。劳动具有显著的实践性，使学生必须面向真实的生活世界和职业世界，引导学生以动手实践为主要方式，在认识世界的基础上，获得有积极意义的价值体验，学会建设世界，塑造自己，实现树德、增智、强体、育美的目的。一方面要使大学生通过对劳动意义的学习，坚定劳动的信念；通过对劳动技能的学习，掌握劳动的方法；通过劳动规章的学习，遵守劳动的纪律。另一方面，鼓励大学生走向工厂社区，以真正的劳动人民为师，真实地加入到劳动活动中去，实现知识与劳动的知行合一。

马克思说：“我的劳动是自由的生命表现，因此是生活的乐趣。”新时代大学生劳动教育，就是要着眼新时代发展的特点，结合大学生思想观念的实际情况，依托大学的教育资源，与工厂社区密切合作，引领大学生努力劳动、艰苦奋斗，深刻理解“空谈误国、实干兴邦”的道理，树立通过劳动中的知行合一实现真正幸福的人生观。大学生对幸福的理解决定了大学生以后成长的道路和成才的方向，也决定了大学生将来对社会的奉献程度，通过劳动教育和劳动实践，培养正确的幸福观和择业观，使大学生形成优秀的人格、品质、意志，形成坚定的符合社会主义核心价值观的思想和精神面貌。

3. 对劳动的概念需与时俱进，丰富内涵

新时代，人类劳动的形态发生了很多巨大的变化：脑力劳动的比重空前增加，服务性劳动的 GDP（国内生产总值）占比已经远远高于第一、第二产业，创造性劳动成为发展的重点，复合型劳动已成为最为日常的劳动形态。所以，在新时代的历史坐标上深入理解劳动形态的演变，显得十分重要。一方面，不能简单重复 20 世纪社会集中解决温饱问题时期对于劳动教育概念的理解，将劳动教育等同于体力劳动技能教育，而对脑力劳动、创造性劳动等的重要性视若无睹；另一方面，不能简单否定体力劳动、体力劳动者的重要性。

此外，理解劳动形态的演变，一定要与新时代劳动精神统一起来。人类历史川流不息，劳动形态也在随之演变。但是无论形态如何改变，劳动创造历史、劳动创造美好生活的真理从未改变。新时代的劳动教育需要准确把握这个变与不变的辩证关系，建立准确而又积极的劳动教育价值导向，引导学生树立正确的劳动观，崇尚劳动、尊重劳动，增强对劳动人民的感情，报效国家，奉献社会。

第四节　劳动精神、劳模精神与工匠精神

劳模精神、劳动精神、工匠精神一直以来受到社会各界的广泛关注。中共中央、国务院联合印发的《新时期产业工人队伍建设改革方案》强调，大力弘扬劳模精神、劳动精神、工匠精神，引导产业工人爱岗敬业、甘于奉献，培育健康文明、昂扬向上的职工文化。可见，新时代职工文化建设是弘扬劳模精神、劳动精神、工匠精神的有力抓手。

作为新时期产业工人队伍的“预备军”，广大高等职业院校学生更应该以习近平总书记关于劳模精神、劳动精神、工匠精神的系列重要讲话作为重要遵循，以党和国家的重要政策文件精神为指导，深刻领会科学内涵及其相互关系，通过大力弘扬劳模精神、劳动精神、工匠精神，建设知识型、技能型、创新型劳动者大军，从而实现中华民族伟大复兴的中国梦和建设社会主义现代化强国的新时代目标。

劳模精神是劳模在平凡岗位上做出不平凡业绩所坚持坚守坚定的基本信念、价值追求、人生境界及其展现出的整体精神风貌。“劳动模范身上体现的‘爱岗敬业、争创一流，艰苦奋斗、勇于创新，淡泊名利、甘于奉献’的劳模精神，是伟大时代精神的生动体现。”习近平总书记关于劳模精神的表述，为我们科学理解和大力弘扬劳模精神提供了正确的方向和指导。这需要我们一方面正确理解这一表述中六个词汇的各自含义，又要从整体上把握劳模精神的科学内涵。

总体上看，这一表述一方面道出了劳模之所以能在广大劳动者群体中脱颖的根本原因，另一方面也为广大劳动者群体提出了奋斗的目标和方向。六个词汇中，爱岗敬业是本分，争创一流是追求，艰苦奋斗是作风，勇于创新是使命，淡泊名利是境界，甘于奉献是修为。做一个守本分、有追求、讲作风、担使命、有境界、有修为的人，是每一位劳模的精神风范，更是每一位劳动者应该追求的目标。

劳动精神是每一位劳动者为创造美好生活而在劳动过程秉持的劳动态度、劳动理念及其展现出的劳动精神风貌。党的十八大以来，习近平总书记关于劳动和劳动精神的系列重要讲话是我们正确理解劳动精神的重要依据，也是大力弘扬劳动精神的重要参考。关于劳动，习近平总书记强调，劳动是财富的源泉，也是幸福的源泉。人世间的美好梦想，只有通过诚实劳动才能实现；发展中的各种难题，只有通过诚实劳动才能破解；生命里的一切辉煌，只有通过诚实劳动才能铸就。

劳动创造了中华民族，造就了中华民族的辉煌历史，也必将创造出中华民族的光明未来。习近平总书记关于劳动和劳动精神的思想为我们正确认识劳动精神的科学内

涵指明了方向。全社会都要贯彻尊重劳动、尊重知识、尊重人才、尊重创造的重大方针，维护和发展劳动者的利益，保障劳动者的权利。要坚持社会公平正义，排除阻碍劳动者参与发展、分享发展成果的障碍，努力让劳动者实现体面劳动、全面发展。全社会都要热爱劳动，以辛勤劳动为荣，以好逸恶劳为耻。

工匠精神是近年来我国社会的一个热点问题，也是学术界研究的一个重大课题。“弘扬劳模精神和工匠精神，营造劳动光荣的社会风尚和精益求精的敬业风气。”工匠精神这一概念，常被习近平总书记提及，也被写入了党的十九大报告之中。我们应该以习近平总书记关于工匠精神的系列重要讲话精神为指导，一方面理解工匠精神的科学内涵，另一方面认识到工匠精神与劳模精神、劳动精神相比所体现出的特色。

工匠精神是每一位不甘于平庸的劳动者在平凡的工作中不断对自己提出更高的要求，并不断自我超越、自我提升、自我完善，始终追求做更好的自己时所表现出的工作态度、工作境界、工作习惯以及整体工作精神面貌。工匠精神可以概括为：坚守执着、精益求精、专业专注、追求极致、一丝不苟、自律自省。

劳模精神和劳动精神的关系是部分和整体的关系。从主体上看，劳模精神的主体是劳模群体，劳动精神的主体是所有劳动者，而劳模群体是广大劳动者群体中的佼佼者和杰出代表，也是广大劳动者学习的榜样和楷模。从这个意义上讲，劳模精神也是劳动精神的一部分。劳动精神是做一名合格的劳动者应该有的精神，劳模精神则是成为劳模必须有的精神。做劳动者不合格，做劳模更不可能。没有劳动精神，也很难有劳模精神。所以，劳动精神应该成为所有劳动者都必须拥有的精神。劳模精神也是所有劳动者都应该学习的精神。两者也是方向和基础的关系，劳模精神是方向，劳动精神是基础。

劳模精神和工匠精神的关系是外力和内力的关系。劳模精神是所有劳动者都应该学习的精神，是影响和引领每一位劳动者从平凡走向不平凡的外力。劳模精神从外部影响每一位劳动者学先进、做先进。工匠精神则是每一位劳动者都应该具有的精神，是激发和激励每一位劳动者不断自我挑战和自我超越的内力。工匠精神从内部唤醒每一位劳动者不断成为最好的自觉。劳模精神是超越别人的精神，因为他们就是因为超越了很多劳动者脱颖而出。工匠精神是超越自己的精神，世上最大的对手不是别人，而是自己。工匠精神是让劳动者成为自己的“劳模”，劳模精神是让劳动者成为别人的“模范”。工匠精神点亮了自己的生命，劳模精神则照亮了别人的生命。

劳动精神和工匠精神是共性和个性的关系。劳动精神是所有劳动者的共性，每一位劳动者都应该有劳动精神。工匠精神则揭示了不甘于平庸的劳动者的个性，是成就优秀劳动者的必要条件。个性不仅是产品和企业的核心竞争力，也是劳动者的核心竞争力。这里所说的劳动者的个性主要是指劳动者在自我超越过程中彰显出的个人优势及其精神状态，也就是工匠精神。换句话讲，没有工匠精神的劳动者很难有出色的成就和骄人的业绩。精益求精、追求极致是践行工匠精神的核心，也是成就杰出劳动者的根源。当然，如果工匠精神成就的劳动者不仅大大超越了过去的自己，也大大超越了别人，在企业、行业、全国乃至全世界都成为最优秀的劳动者。那么，他就会成为别人学习的榜样和楷模，最终就会成为劳模，劳模精神也随之产生。

第二章　劳模精神

本章目标：

了解劳模精神含义

了解劳模精神的时代演化过程

初步了解新时代劳模精神

第一节　劳模精神的含义

楷模与普通人的区别在于：楷模始终能够辩证统一地审视物质和精神的关系，既不使精神让渡物质，又自觉发挥精神的能动作用，始终保持物质利益和精神利益的平衡，并将精神建设转化为物质建设的强大动力。因此，楷模往往在平凡中见伟大，在细微处见精神。

每个时代都有时代楷模，不同时代的楷模凝聚着各自时代的先进文化。时代楷模汇集、弘扬和传承着时代的先进道德和文化精华，发挥着榜样的示范作用、激励作用和引导作用。他们用自己的行为塑造时代的道德生活，彰显时代的价值风尚，滋养着一代又一代人。各行各业涌现出千千万万的先进楷模。他们有的以自己的勤劳双手和聪明才智，创造了巨大的物质财富和精神财富，推动了社会进步；有的在自己平凡的岗位上扎实苦干、默默坚守、无私奉献；有的用血汗浇筑祖国建设的基座；有的用青春书写壮丽无悔的诗篇。他们的事迹和精神永远值得我们学习，他们是永不褪色的时代记忆。

劳动模范是源于生活实践的国家栋梁、社会中坚、民族楷模、人民榜样。他们作为劳动者中的一员，和其他劳动者一起参加社会劳动，却在平凡的劳动中以自己的坚持、坚守和坚定铸就了不平凡的人生，在时代机遇下奏响了“时代的劳动者之歌”。劳动模范是一面旗帜，凝聚时代的劳动精神，高扬劳动的道德风尚。他们用自己的行为影响和感染身边的人，潜移默化，润物无声，不断激励一代又一代人建功立业，争当时代的先锋。劳动模范是遵循和践行社会主义核心价值观的典范。他们既是社会主义核心价值观的模范实践者、生动传播者和最有说服力的检验者，又创造着先进的精神文化，是社会主义核心价值体系的重要组成部分。劳动模范身上承载和彰显的劳模精神是中国工人阶级和劳动人民自强、自信、自立崇高品格的生动体现，既是时代的宝贵财富，又是推动时代前行的精神力量。

习近平总书记指出："全面建成小康社会，我国亿万劳动群众是主体力量。"① "摆在我们面前的任务是把美好蓝图变为现实。广大知识分子、广大劳动群众、广大青年要紧跟时代、肩负使命、锐意进取，把自身的前途命运同国家和民族的前途命运紧紧联系在一起"②。

时代更迭，劳动的内涵不断丰富，劳动模范的标准不断更新，劳模精神在不同时代、不同行业也呈现出不同的特征。然而，品德不会过时，劳模精神光辉永驻。无论是"南泥湾精神""铁人精神""一团火精神""微笑服务精神"，还是"两弹一星精神""陈景润精神"都是人类劳动活动和工作实践的结晶，都闪耀着劳模精神的无尽光芒。

当前，中国特色社会主义进入了新时代。习近平总书记将新时代劳模精神表述为"劳动模范身上体现的'爱岗敬业、争创一流，艰苦奋斗、勇于创新，淡泊名利、甘于奉献'的劳模精神"。从总体上看，习近平总书记关于新时代劳模精神的表述既道出了劳动模范能够从广大劳动者群体中脱颖而出的根本原因，又为新时代的广大劳动者指明了奋斗方向。在这一表述中，爱岗敬业是本分，争创一流是追求，艰苦奋斗是作风，勇于创新是使命，淡泊名利是境界，甘于奉献是修为。守本分、有追求、讲作风、担使命、有境界、有修为，是每一位新时代劳动模范应有的精神风范，更是每一位新时代劳动者应该追求的目标。正确理解这一表述中六个词汇的各自含义，有助于我们从整体上把握劳模精神的科学内涵。

一、爱岗敬业

爱岗敬业，是爱岗和敬业的总称，是指对本职工作的忠于职守，是最基本的职业道德要求。爱岗就是热爱自己的工作岗位，热爱本职工作，具有职业的荣誉感和自豪感；敬业就是用恭敬严肃的态度对待自己的工作，以认真负责的态度从事自己的工作。两者互为前提，相互支持，相辅相成。爱岗是敬业的基石，敬业是爱岗的升华。提倡爱岗敬业，是促使人们更加自觉地以强烈的事业心和责任感从事工作。爱岗敬业的基

① 习近平在知识分子、劳动模范、青年代表座谈会上的讲话［EB/OL］.（2016－04－30）［2020－08－08］. http：//www. xinhuanet. com/politics/2016－04/30/c_1118776008. htm.

② 习近平在知识分子、劳动模范、青年代表座谈会上的讲话［EB/OL］.（2016－04－30）［2020－08－08］. http：//www. xinhuanet. com/politics/2016－04/30/c_1118776008. htm.

本要求包括：①正确认识职业，树立职业理想；②热爱敬重职业，恪守职业道德；③踏实扎根职业，履行职业责任；④培养职业兴趣，提高职业技能。

提倡爱岗敬业，并不是要求人们终身只能干“一”行，爱“一”行，不能片面地把爱岗敬业理解为绝对地、终身地只能从事某一个职业。爱岗敬业不排斥人的全面发展。相反，提倡爱岗敬业是鼓励劳动者通过本职工作在一定程度上和范围内实现全面发展。劳动者可以根据社会的需要和个人的专业、特长、兴趣、爱好选择自己的职业，并在平凡的工作岗位上不断增长知识和才干，努力成为多面手。“干一行、爱一行、专一行、精一行”的职业选择理念，不仅有助于劳动者充分调动自身的积极性和创造性，而且有助于真正做到人尽其才。

许多用人单位在挑选人才时都将劳动者的爱岗敬业精神作为一项非常重要的衡量标准。用人单位往往认为，只有那些“干一行，爱一行”的人才能专心致志地搞好工作，只有爱岗敬业的人才会在自己的工作岗位上勤勤恳恳、兢兢业业、任劳任怨、尽职尽责。因此，爱岗敬业精神的人往往在就业时具有一定的竞争优势。由此可见，爱岗敬业在职场中的重要性非同一般。

二、争创一流

争创一流，就是正确对待工作中的困难和挫折，认真、高效地分析和解决问题；就是肯学、肯干、肯钻研，敢想、敢干、敢追梦；就是瞄准先进，放眼世界，比学赶超，不断向新的目标迈进。争创一流的基本要求包括：①强化一切从实际出发和追求卓越的理念；②强化积极主动、敢于善于沟通协调的意识；③强化优质高效、充满生机与活力的工作精神。

什么是追求卓越？追求卓越就是将自身的能力、优势以及能够调动的资源发挥到极致的一种状态。追求卓越既要志存高远又必须从实际出发，否则这种追求就如同沙上建塔，成为空中楼阁，卓越也就更无从谈起。这就要求劳动者必须首先坚持辩证唯物主义和历史唯物主义，坚持解放思想和实事求是的辩证统一。

什么是沟通协调？沟通协调是利用各种工具、方法整合资源，达到增进了解、消除误会、协同一致的行为。沟通协调在现代管理中占有非常重要的地位。沟通协调重在解决问题，贵在通达事理，效在聚合力量。劳动者不但要敢于沟通协调，还要善于沟通协调，更要积极主动地沟通协调。劳动者只有通过不断提高沟通的艺术，不断强化处理问题与化解矛盾的技巧，恰当地把握原则性与灵活性的关系，进行有效沟通，才能把一切可以团结的力量团结起来，把一切可以调动的积极因素调动起来，敏锐精准地发现问题，妥善高效地解决问题。

什么是工作精神？工作精神是对工作价值的一种态度和行为反应，是对工作中职业精神、团队精神、奉献精神等精神引导的概括。职业精神与人们的职业活动紧密联系，是具有职业特征的精神与操守，是劳动者从事某项具体工作应该具备的技能、素质与道德等，本质是为人民服务。团队精神是人们在集体中形成的一种普遍认同和协同关系，反映的是个体利益和整体利益的统一，是大局意识、协作精神和服务精神的集中体现，核心是协同合作，最高境界是凝聚全体劳动者的向心力。奉献精神是不求回报的爱和全身心的付出，是无私的价值追求和行动自觉的体现。在工作精神中，职业精神强调优质和高效，团队精神强调生机和活力，奉献精神强调忘我和付出。

三、艰苦奋斗

功崇惟志，业广惟勤。艰苦奋斗是中华民族的传统美德。勤劳、勇敢、坚韧的中华民族向来以吃苦耐劳和勤俭持家著称于世。艰苦奋斗正是不怕艰难困苦、英勇顽强战胜困难的作风。

艰苦奋斗是劳动者永远不变的底色。幸福都是奋斗出来的，“奋斗本身就是一种幸福。只有奋斗的人生才称得上幸福的人生……奋斗者是精神最为富足的人，也是最懂得幸福、最享受幸福的人”①。倡导艰苦奋斗，就是倡导不畏艰难，为实现伟大理想顽强拼搏、不懈奋斗的精神。

艰苦奋斗也是中国共产党人的政治本色。中国共产党领导中国人民争取国家独立和民族解放的斗争史就是一部艰苦卓绝的创业史；中国共产党领导全国各族人民进行社会主义现代化建设的建设史就是一部矢志不渝的奋斗史。

四、勇于创新

创新是引领发展的第一动力。纵观人类发展历史，创新始终是推动一个国家、一个民族前进的不竭动力。曾经，中国古代创造的以“四大发明”为主要代表的科技成果造福了世界。然而，科学技术从来没有像今天这样深刻地影响着国家的前途命运，影响着人民的生活福祉。当前，中华民族迎来了千载难逢的历史机遇。要实现中华民族伟大复兴的“中国梦”，就一定要大力发展科学技术，努力增强自主创新能力，激发

① 习近平：在2018年春节团拜会上的讲话［EB/OL］．（2018－02－14）［2020－08－08］．http：//www.xinhuanet.com/politics/2018－02/14/c_1122419716.htm.

广大劳动者创新活力，夯实创新发展人才基础，营造创新文化氛围，跑出中国创造的“加速度”。

倡导勇于创新，就是鼓励广大劳动者积极运用自己的知识和经验，提出独到见解，将科学技术不断引入劳动和实践；就是鼓励广大劳动者勇于迎难而上，不惧风险，不怕失败，不畏挑战；就是鼓励广大劳动者与时俱进的学习与验证，瞄准前沿、寻求突破、实现跨越。创新人才，不仅要具有创新意识、创新精神、创新思维、创新知识、创新能力，还要具有良好的创新人格，能够通过自己创造性的劳动取得创新成果，在某一领域、某一行业、某一工作上为社会发展和人类进步做出创新贡献。

我国历来大力倡导创新劳动，多次将优秀创新人才树立为劳动模范。党的十八大以来，我国建设创新型人才队伍的步伐逐渐加快。2016 年 5 月 30 日，习近平总书记在全国科技创新大会、两院院士大会、中国科协第九次全国代表大会上指出：“在创新实践中发现人才、在创新活动中培育人才、在创新事业中凝聚人才，聚天下英才而用之，让更多千里马竞相奔腾”。

五、淡泊名利

淡泊名利，意思是不热衷名声，不追求利益。对于劳动者而言，最大的困境往往不在于如何突破技术上的瓶颈，而在于如何正确地看待耕耘与收获。客观而言，名利本身并没有错，它是对奋斗和付出的肯定和回报。劳动者在工作中取得了成绩，收获荣誉、得到物质奖励都不是过错。但是，劳动者一旦追名逐利甚至痴迷于名利，就会套上名缰利锁，拿得起而放不下，忘却劳动的真谛。

淡泊名利是一种境界。它不仅要求劳动者树立正确的人生观、价值观和世界观，还要求劳动者既要懂得知足，又要怀揣信念。名利是无止境的，欲望是无尽头的。只有知足常乐，才能看得通透；只有坚守信念，才能永葆初心。

当然，淡泊名利必须完全出于劳动者的自愿，必须是自主的不计得失，是自发的不问收获。任何强制“淡泊名利”的行为在实质上都是对劳动者权益的侵害。

六、甘于奉献

如前所述，奉献精神是不求回报的爱和全身心的付出。奉献不论多少。燃烧自己照亮别人的“蜡烛精神”是奉献精神的缩影，“有一分热放一分光”的“萤火虫精神”也是奉献精神的写照。奉献不论职业。冲上火线的消防战士、奔赴疫区的白衣天使、抗洪抢险的部队官兵都是最美奉献者。他们用生命守护生命，用爱传递希望；他们在成长中奉献，在奉献中成长。

甘于奉献是一种纯粹的实力。甘于奉献的人，拥有献出爱和传递爱的能力，就如“赠人玫瑰，手留余香”；甘于奉献的人，拥有延展生命和升华人生的力量，就如润物之春雨，播撒之阳光。劳动者坚守甘于奉献的高贵品质，让甘于奉献成为自身永恒的价值追求，是将个人理想融入国家和民族伟大事业的最好方式。

第二节　劳模精神的时代演化

中国劳模现象最早出现于20世纪30年代的土地革命战争时期[①]，孕育成长于第二次、第三次国内革命战争时期，发展壮大于中华人民共和国成立初期，与时俱进于改革开放和社会主义现代化建设新时期，迄今为止已有八十多年的历史。“全国劳动模范”是中华人民共和国授予普通劳动者的最高荣誉。在梳理中国劳模的产生、发展过程后不难发现，中国的劳动竞赛运动和劳模现象历史之长、范围之广、内容之丰、作用之大、影响之深，可谓独树一帜。中国劳模在不同历史时期的特征与作用启示我们：①必须科学选树劳模，充分发挥劳模作用，积极引导工人阶级队伍建设；②必须健全完善劳模工作运行机制，推动劳模队伍可持续发展；③必须不断丰富和发展劳模精神的内涵，使劳模文化成为社会主义先进文化和中华文明的重要组成部分，在社会发展进步中传承和发扬[②]。

一、孕育成长在革命战争时期的劳模精神

中国劳模最早诞生于土地革命战争时期中央苏区的公营企业和革命竞赛中，而后在抗日战争时期的陕甘宁边区大生产运动和各项建设中不断涌现，解放战争时期又出现了大量的“支前劳模”和“工业劳模”[③]。

新民主主义革命时期，中国共产党领导革命根据地军民先后开展了两次大规模的生产运动，即1932—1934年中央苏区以劳动竞赛为主要形式的大生产运动和1941—1944年以南泥湾为代表的大生产运动。前者以改善苏区的经济状况、支持长期抗战为目标；后者以实现“自己动手、丰衣足食”为目标。中国共产党领导的这两次大规模生产运动极大地激发了人民群众的劳动热情，促进了革命根据地生产的发展，保障了

① 齐燕庆．中国劳模现象的历史及其沿革［J］．理论前沿，1996（9）：31－32.

② 王永玺，张晓明．简述中国劳模的发展历史［J］．北京市工会干部学院学报，2010，25（3）：7－9.

③ 王永玺，张晓明．简述中国劳模的发展历史［J］．北京市工会干部学院学报，2010，25（3）：7－9.

革命战争的胜利进行[1]。而且，在这一时期的劳动竞赛中还涌现出许多劳动模范。他们来自农村、工厂、军队、党政机关、合作社、学校等多个地方，涵盖农业、工业、手工业、运输业、畜牧业、商业、财政金融贸易、卫生保育等多个行业。这些劳动模范中既有畜牧、植棉、打盐、运盐、安置移民、拥军优抗的劳动英雄，又有退伍军人、妇女、青年、学生、抗属工属等劳动英雄，甚至还有被俘虏的日本兵也因努力生产成了劳动英雄。这一时期的劳动模范主要由生产表现好的劳动英雄和工作成绩好的模范工作者两大类构成，推选劳动模范的方式从上级指定转变为群众评选，评判劳动模范的标准为“为革命献身、革命加拼命、苦干加巧干、经验加创新”的劳模精神，体现的是“服务战争、支援军事”的指导思想，呈现出“革命型”的劳模特征。通过这一时期组织劳模运动、弘扬劳模精神，中国共产党极大地调动了军民斗争、生产、工作的积极性，在群众中首次树立了“劳动光荣、劳动致富”的劳动观念，不但推动了地方生产、建设事业和各项工作的大发展，改善了军民的生活，提高了基层群众的军事素质和工作效率，还创新了生产组织形式和工作方式，密切了军民关系、干群关系、党群关系，增强了劳动人民的团结，并为中国共产党领导下的新民主主义革命取得胜利、建立新中国打下了坚实的基础。

二、发展壮大于中华人民共和国成立初期的劳模精神

中华人民共和国成立初期，党和国家面临恢复和发展国民经济、建设社会主义国家的艰巨任务。各级政府在组织生产的过程中沿用战争年代经济工作中积累的经验，依托社会主义劳动竞赛和生产运动开展了形式多样的劳模运动，评选出一批又一批劳动模范和先进生产者作为典型，以此激励广大人民群众努力工作。1950—1960 年，是中国劳模快速发展时期，党和国家先后召开四次大规模的全国性劳动模范和先进生产者代表大会，共表彰 6510 个先进集体和 11120 名先进个人（如表 2 - 1 所示）。这一时期表彰的劳动模范主要来源于基层，以一线产业工人为主，大多数为体力劳动者。“一不怕苦、二不怕死”的“硬骨头精神”和“老黄牛”形象是这一时期劳动模范的真实写照。

① 张霖．党史上的两次生产运动［J］．党史文汇，1997（2）：27 - 28.

表 2－1　1950—1960 年中国四次大规模的全国性劳动模范和先进生产者代表会议

时间	事件	表彰情况	
1950 年 9 月 25 日—10 月 2 日	全国战斗英雄代表会议和全国工农兵劳动模范代表会议在北京召开	授予全国劳动模范荣誉称号 464 人	工业劳模代表 208 人
			农业劳模代表 198 人
			部队劳模代表 58 人
1956 年 4 月 30 日—5 月 10 日	全国先进生产者代表会议在北京召开	授予全国先进集体 853 个	
		授予全国先进生产者 4703 人	
1959 年 10 月 26 日—11 月 8 日	全国工业、交通运输、基本建设、财贸方面社会主义建设先进集体和先进生产者代表大会（简称"全国群英会"）在北京召开	授予全国先进集体称号 2565 个	
		授予全国先进生产者称号 3267 人	
1960 年 6 月 1 日—11 日	全国教育和文化、卫生、体育、新闻方面社会主义建设先进单位和先进工作者代表大会（简称"全国文教群英会"）在北京召开	授予全国先进单位称号 3092 个	
		授予全国先进工作者称号 2686 人	

注：资料来源于中国工会新闻网，http：//acftu. people. com. cn/n1/2017/0526/c412682－29302660. html.

新中国成立初期，百废待兴。这一时期劳模队伍的迅速壮大恰恰反映了当时国家经济工作的政策导向。劳模经验的推广也确实起到了提高广大劳动者操作技能和熟练程度、提升技术水平和生产效率的示范引领作用，为新中国国民经济的恢复、社会主义建设在各条战线的起步和发展做出了重大贡献。

三、与时俱进于改革开放和社会主义现代化建设新时期的劳模精神

改革开放和社会主义现代化建设新时期，劳模队伍迎来了新中国成立后的第二次发展高潮。1977 年 4 月至 1979 年 12 月短短不到 3 年时间，中共中央和国务院召开了五次全国性的劳模大会，共评选出来自工业、农业、科技、财贸、交通、教育、医药卫生、科研等领域的 2541 名劳动模范和先进工作者（如表 2－2 所示）。尤其值得注意的是，改革开放初期，劳动模范的评选范围突破了单纯的生产范畴，专职技术人员、"知识型工人"和优秀企业家逐渐进入劳模行列。陈景润、蒋筑英、邓稼先、袁隆平等一批知识分子和科研工作者的优秀代表成为劳模队伍的新成员，"把理想化为实干"的献身精神成为这一时期劳模精神的精华。邓小平同志提出的"尊重知识、尊重人才"口号更是极大地鼓舞了广大知识分子的工作热情。由此，广大知识分子释放出了巨大的能量，为改革开放提供了强大的智力支持和人才保障。

1995 年以后，全国劳动模范和先进工作者的评选时间开始固定化，基本为每五年

召开一次（如表2－3所示）。21世纪以来，劳动模范的评选活动也发生了较大的变化，主要表现在以下几个方面：（1）劳动模范的评选标准更加具有时代特征；（2）劳动模范的来源范围更加广泛；（3）劳动模范的结构更加复杂多样；（4）劳动模范的评选方式更加科学民主。

表2－2　　1977—1979年中国五次全国性的劳动模范大会

时间	事件	表彰情况
1977年4月20日—5月14日	全国工业学大庆会议先后在大庆和北京召开	授予全国大庆式企业、全国先进企业称号2126个
		授予全国先进生产者称号385人
1978年3月18日—31日	全国科学大会在北京召开	授予全国先进集体称号826个
		授予全国先进科技工作者称号1213人
1978年6月20日—7月9日	全国财贸学大庆学大寨会议（又称全国财贸“双学”会议）在北京召开	授予全国财贸系统大庆式企业称号736个
		授予全国劳动模范和全国先进生产者称号381人
1979年9月28日	国务院表彰工业交通、基本建设战线全国先进企业和全国劳动模范大会在北京召开	授予全国先进企业称号118个
		授予全国劳动模范称号222人
1979年12月28日	国务院表彰农业、财贸、教育、卫生、科研战线全国先进单位和全国劳动模范大会在北京召开	授予全国先进单位称号351个
		授予全国劳动模范称号340人

注：资料来源于中国工会新闻网，http：//acftu. people. com. cn/n1/2017/0526/c412682－29302660. html.

表2－3　　1989—2015年全国劳动模范和先进工作者表彰大会

时间	事件	表彰情况
1989年9月28日—10月2日	全国劳动模范和全国先进工作者表彰大会在北京举行	授予全国劳动模范和全国先进工作者称号2790人
1995年4月29日	全国劳动模范和全国先进工作者表彰大会在北京举行	表彰全国劳动模范和先进工作者2877人
2000年4月29日	全国劳动模范和先进工作者表彰大会在北京举行	表彰全国劳动模范和先进工作者2946人
2005年4月30日	全国劳动模范和先进工作者表彰大会在北京举行	授予全国劳动模范和先进工作者称号2969人
2010年4月27日	全国劳动模范和先进工作者表彰大会在北京举行	表彰全国劳动模范和先进工作者2985人
2015年4月28日	表彰全国劳动模范和先进工作者大会在北京举行	授予全国劳动模范荣誉称号2064人
		授予全国先进工作者荣誉称号904人

注：资料来源于中国工会新闻网，http：//acftu. people. com. cn/n1/2017/0526/c412682－29302660. html.

在2005年的全国劳模评选中，30多名私营企业家和23名农民工的名字第一次出现在表彰名单中。农民工劳模的出现，充分显示了国家对新兴职业和社会群体的重视。自此，劳动模范涵盖的范围更加广泛，越来越多的劳动模范来自于新兴行业。

随着大众创业、万众创新时代的到来，劳模队伍结构悄然变化，主要表现在以下两个方面：一是知识型、科技型、创新型人才越来越多，在劳模队伍中的占比不断提高。“知识型、技能型、创新型、管理型”成为当代劳模的鲜明特征；二是多样性的趋势越来越明显，并与经济发展的特征越来越契合。劳动模范的构成包括更多社会群体，覆盖老中青各个年龄层次。

虽然劳模结构在变化，但劳动模范从一线来、从基层来这一特征始终没有改变。在每年的劳模评选中，都绝对保证一线工人、技术工人、农民工等普通劳动者的数量。在2015年劳动模范表彰评选中，企业一线职工候选人占全部企业候选人的67.5%，比2010年提高5.1个百分点；企业负责人候选人占企业候选人的16.9%，比2010年降低4.3个百分点；农民工候选人占农民候选人的30.4%，比2010年提高17.7个百分点。在2015年获得表彰的2968名全国劳动模范和先进工作者中，具有专业技术职称的有1484人，比2010年增加121名；技师、高级技师等高等技术工人有445名，比2010年增加121人；两院院士有16人，享受国务院特殊津贴的有190人，获得国家科学技术奖励的有6人①。从文化程度和专业技术结构来看，在2015年获得表彰的劳动模范中，具有专科及以上学历的候选人占比达到了75.8%②。

劳模精神作为中国特色社会主义文化的重要组成部分，贯穿于社会主义现代化建设的始终，植根于中华民族劳动过程特别是中国特色社会主义伟大实践，充分继承并发展了中华优秀传统文化和社会主义先进文化，是中国特色社会主义文化自信的重要支撑。在改革开放和社会主义现代化建设新时期，充满活力和感召力的劳模队伍为全面建设小康社会，推动社会主义经济建设、政治建设、文化建设、社会建设以及生态文明建设做出了重大贡献，是实现中华民族伟大复兴、开拓中国特色社会主义事业新局面的重要力量。

拓展阅读：劳动模范究竟是怎么被选出来的?

劳动模范和先进工作者是我国工人阶级和广大劳动群众的优秀代表。选树什么样的劳动模范，代表着一种重要的价值导向、社会导向和发展方向。为此，我国在

① 杨登峰．领跑时代的中国力量——2015年全国劳模和先进工作者扫描［J］．当代劳模，2015：24—33.

② 何雨欣，于佳欣．解析劳模结构之变［N/OL］．新华网，2015—04—28［2020-08-06］．http://www.xinhuanet.com/politics/2015-04/28/c_1115122055.htm.

不断自我总结、自我完善中建立了一整套科学的劳动模范评选机制、宣传机制、管理机制、监督机制，使劳模工作逐步实现制度化、公开化、民主化、群众化、社会化、系统化和科学化。

1943 年 10 月 5 日，陕甘宁边区政府颁布《颁发劳动英雄及模范工作者大会及其代表的选举办法》政府令，对评选劳模和召开劳模大会的意义、劳模产生的程序以及劳模当选的条件等一一提出了明确的要求，这在我国劳模史上具有里程碑意义。该办法第四条中反复强调，各单位在选举劳模时都要召开选举大会，而且要求全体人员参加大会选举。

1944 年 9 月，陕甘宁边区政府公布实施了一个更加细化、明确、完善的劳动英雄和模范生产工作者的选举及奖励办法——《边区政府关于劳动英雄与模范工作者选举与奖励办法》。该办法第四条规定，凡边区居民皆为劳动英雄和模范工作者之选举及被选举人，无阶级、党派、职业、宗教、信仰、文化程度、性别、民族、国籍的限制①。

如今，我国通过制订一整套相关管理办法，明确了劳动模范推荐评选工作必须严格遵守的推荐评选程序，坚持自下而上，公开、公平、公正的原则，充分发扬民主，逐级推荐、审核、公示，接受社会监督，做到群众公认。劳模评选不是由工会系统“独家包干”，而是由国家劳动和社会保障部等 20 余家部委协同成立“表彰筹备委员会”，表彰委员会成员名单报国务院批准。各级工会、人社、统战等部门分工负责评审、推荐、公示、社会监督等各个环节的具体工作。

劳动模范推选工作由党工委统筹进行，推选工作按照“自下而上、民主推荐、逐级审查”的方式进行。基层单位要召开职工（代表）大会等进行充分讨论，经民主程序选出拟推荐人选，形成书面的会议决议或会议纪要。基层单位对民主推荐产生的人选进行公示，公示内容包括推荐人选的姓名、性别、民族、出生年月、政治面貌、学历、单位（全称）、职务、职称、简要事迹和举报方式等，公示时间为 5 个工作日，要有公示现场照片。公示结束后，须形成公示无异议报告或公示处理情况报告。各推荐单位如实填写推荐人选基本情况表，并征求相关部门意见，填写征求意见表，围绕推荐评选条件准备推荐人选的事迹材料，收集推荐人选的荣誉基础材料。部分身份特殊人选，还需提供身份证明材料②。

① 姚荣启．抗战大生产运动中涌现出大批劳动模范［J］．工会信息，2016（29）：41 -44.

② 关于做好 2020 年全国劳动模范和先进工作者推荐评选工作的预通知［EB/OL］．（2020 -02 -14）［2020 -08 -06］．http：//www. hebszgh. cn/index. php/view？ nid =2615.

推选程序具体包括：(1) 推荐。拟推选对象须自下而上产生，经本单位民主差额推荐，职工（代表）大会（机关推荐时由机关工会广泛征求意见和有关部门签署意见）讨论通过并公示，经主管厅局党组（党委）审核盖章后，向地方推选委员会推荐。(2) 初审。地方推选委员会办公室按照评选条件，对推荐对象情况进行初审。(3) 评审。地方推选委员会组织有关人员成立评审组，对候选对象进行无记名投票，好中选优，确定拟推荐对象。(4) 审定。将拟推荐对象名单提交省级党工委审定。(5) 省评委会初审。推荐名单经省级工委审定后，报省评委会办公室。(6) 公示。将省评委会审定后的推荐对象通过工会网站向社会公示，广泛接受群众监督，公示期为 5 个工作日。

劳模评选坚持走群众路线，坚持面向基层和群众公认的原则。凡有群众举报的推荐人选，各推荐单位须认真调查核实，并在规定时间内做出负责任的答复。逾期未反馈处理意见或处理意见不明确的，取消评选资格①。

最新相关管理办法列示如下：

《中共中央办公厅、国务院办公厅关于做好 2020 年全国劳动模范和先进工作者评选表彰工作的通知》(中办发电〔2020〕5 号)

《国家功勋荣誉表彰条例》(中发〔2017〕21 号)

《关于评选全国农业劳动模范和先进工作者的通知》(人社部函〔2017〕98 号)

第三节　弘扬与践行新时代劳模精神

榜样的力量是无穷的。在新时代中国特色社会主义的伟大实践中，劳模精神作为中国特色社会主义先进文化和中华文明的重要组成部分，是中国特色社会主义核心价值观的具象化、人格化和现实化，必将在社会发展进程中发挥重要作用。探索新时代劳模精神回归与弘扬的重要作用，揭示弘扬和践行新时代劳模精神的实践意义，厘清新时代弘扬劳模精神的具体途径，对推动新时代中国特色社会主义建设具有重要意义。劳模精神是伟大时代精神的集中体现。

① 2020 年全国劳动模范和先进工作者推荐评选工作有关政策说明［EB/OL］.（2020－02－02）［2020－08－06］. http：//www. rzgh. org. cn/upload/fik/202002/15806252738055250. pdf.

一、弘扬新时代劳模精神的重要作用

时代精神是每一个时代特有的普遍精神实质，是一种超脱个人的共同的集体意识。时代精神集中表现于社会的意识形态中，但不是任何意识形态中的现象都表现着时代精神，只有那些代表时代发展潮流，标志一个时代的精神文明，对社会生产的发展产生积极影响的思想才是时代精神的体现。

民族精神是反映一个民族在长期的历史积淀中形成的民族意识、民族文化、民族习俗、民族性格、民族信仰、民族宗教，民族价值观念和价值追求等共同特质，是民族传统文化中协调、指导、推动民族生存和发展的精粹，是一个民族赖以生存、生活和发展的核心和灵魂。

劳动精神是每一位劳动者为创造美好生活而在劳动过程中秉持的劳动态度、劳动观念以及展现出的劳动精神风貌。劳动精神在道德层面对社会行为进行调节。因此，它虽然不具有强制力，但是一种经常性、深刻性、普遍性和灵活性的调节。端正的劳动态度、积极的劳动观念和生气勃勃的劳动精神风貌是新时代劳动者应具备的劳动精神。

工匠精神是一种职业精神，它是职业道德、职业能力、职业品质的体现，是从业者的一种职业价值取向和行为表现。工匠精神的基本内涵包括敬业、专注、创新、精益求精等。2016 年，李克强总理在政府工作报告中提出，“鼓励企业开展个性化定制、柔性化生产，培育精益求精的工匠精神，增品种、提品质、创品牌”。这是“工匠精神”一词首次写入政府工作报告。

劳模精神是引领时代新风的精神高地，既生动地体现了时代精神的精神实质、主要特征和重要内容，又推动了时代精神的发展，丰富了时代精神的内涵；劳模精神是民族精神的重要组成部分，既集中体现了民族的精神核心要素，又推动了民族精神创新发展；劳模精神传承了中华民族优良的传统劳动精神，是马克思主义劳动观的延伸与发展；劳模精神当代品格的核心要素是工匠精神，工匠精神是劳模精神的重要构成要素。劳模精神作为一种先进的社会意识，是时代精神、民族精神、劳动精神和工匠精神的积极呈现，在中国革命、建设和发展中都曾发挥了重要作用。

二、弘扬和践行新时代劳模精神的实践意义

如今，新时代不断涌现新思想、新产业、新科技，对新时代的劳动者提出了新标准和新要求。在新时代的历史条件下，劳模精神被赋予崭新的时代内涵，与新时代的

“奋斗幸福观”结合为一体，聚焦先进、鼓舞士气、激发干劲、凝聚力量，生动诠释着社会主义核心价值观，激励着广大人民群众奋力书写不负韶华、不负使命的崭新时代篇章。因此，深刻把握“爱岗敬业、争创一流，艰苦奋斗、勇于创新，淡泊名利、甘于奉献”新时代劳模精神的崭新意蕴与当代价值，充分发挥劳动模范的示范作用、引领作用、创新作用和品牌作用，对于弘扬和践行新时代劳模精神具有重大的实践意义。

（1）充分发挥劳动模范的示范作用，带动广大劳动者立足本职，扎实工作。①发挥劳动模范在工作岗位上的带头作用，不仅在个体层面上努力学习、严于律己、奋力拼搏、再创佳绩，还要以点带面，全面辐射，在集体层面上总结经验、加强交流、达成共识、分享收获，带动形成见贤思齐、兼收并蓄、创先争优、求实进取的群体榜样；②展现劳动模范在工作岗位上的榜样魅力，吸引更多有潜质、肯上进的青年学习劳模事迹、效仿劳模言行，让劳动模范的精湛技艺和高尚情操潜移默化地影响时代新人，让美德得以传承，让技能得到推广。

（2）充分发挥劳动模范的引领作用，进一步焕发广大劳动者的劳动热情。①大力发掘和宣传那些立得住、叫得响、过得硬的先进典型，以优秀劳动者代表的先进事迹感召广大劳动者向劳动模范看齐，以强烈的主人翁意识全身心地投入国家建设事业，脚踏实地、真抓实干，以厂为家、以企为家、以国为家，把人生理想和家庭幸福自觉融入国家富强、民族复兴的伟业之中，实现小家与国家、个人梦想与中国梦的融合统一；②大力弘扬劳模精神，褒奖辛勤耕耘，倡导无私奉献，贯彻“尊重劳动、尊重知识、尊重人才、尊重创造”方针①，让“尊重劳模、关爱劳模、支持劳模、学习劳模、争当劳模”在全社会蔚然成风；③以劳动模范的卓越劳动创造为引领，鼓励广大劳动者刻苦钻研、攻坚克难，用创造性劳动自我超越、自我实现的同时，也为社会创造更大价值。

（3）充分发挥劳动模范的创新作用，有力地引领全体劳动者走创新、创造、创效之路。勇于创新是时代精神的体现，也是当代劳动模范身上最闪亮的新特质。发挥劳动模范才干，凝聚智慧力量，引导广大劳动者从日常工作中的问题入手，大胆发明改造，营造“处处是创新之地、人人是创新之源、时时是创新之机”的氛围，让创新潜能尽情释放，让创新活力竞相迸发。

（4）充分发挥劳动模范的品牌作用，不断提升劳动模范的品牌效应。①打造劳动模范这一“闪光群体”的品牌形象，维护劳动模范的先进形象；②组织开展劳模先进事迹报告会、劳模人物专访、劳模风采故事演讲、劳模先进事迹图片展等多种形式的宣传活动，让劳模形象更加立体、生动、富有魅力和深入人心；③不断提升劳动模范

① 简称“四个尊重”，出自党的十六大报告。

的品牌影响力和“含金量”；④借助多媒体和互联网技术，不断提升劳模形象的社会表现力。

三、弘扬新时代劳模精神的具体途径

（一）讲好劳模故事

让劳动模范的优秀品质、先进事迹、精湛技艺、卓越贡献、光辉形象被广大人民群众熟知，让劳模精神更容易被人们接受，让劳模言行更方便被人们模仿，让劳模事迹更广泛被人们流传，让每一个劳模故事都启人心扉、动人情怀、催人奋进、感人肺腑。

（二）搞好队伍建设

劳动模范是工人阶级的先进代表，发挥着带头作用、骨干作用、示范作用和桥梁作用。①建设一支高素质的工人阶级队伍，科学选树劳动模范，保证劳动模范的先进性永不蜕化、永不变质，永葆青春、永放光芒；②完善劳模管理制度，健全劳模监督机制，打通劳模培养通道，鼓励和支持劳动模范“传帮带”，实现劳动模范的可持续发展；③充分发挥劳动模范在社会发展进程中的重要作用，积极引导工人阶级队伍建设，推动工人阶级的成长进步，实现良性循环。

（三）护好劳模成长的“土壤”

一个立得住、叫得响、过得硬的先进典型，除了自身必须具备良好素质和不懈努力外，还需要健康的成长土壤和组织的精心培育。保护劳动者成长的环境，让劳动的种子扎根健康的土壤，就是守护收获先进的希望。①鼓励广大劳动者以自己诚实、勤勉、创造性的劳动收获幸福和尊严，在创造丰富物质财富的同时，也收获鲜活丰盈的精神世界；②在全社会树立平等劳动观、协助劳动观和高素质劳动观，传播“劳动最光荣、劳动最崇高、劳动最伟大、劳动最美丽”的理念，让每一名劳动模范既沐浴荣光又肩负使命，既接受赞美又心怀担当；③培养、保护和激发劳动者的创造力，支持广大劳动者学习新知识、新理念、新方法，鼓励新材料、新工艺、新技术、新设备的应用，为广大劳动者施展才华搭台子、铺路子、架梯子、开方子，建设一支知识型、技能型、创新型的劳动者大军，营造精益求精的敬业风气。

第三章　工匠精神

本章目标：

了解工匠精神的基本定义

对工匠精神的历史有基本认知

了解新时代工匠精神的内涵

第一节　工匠精神的时代内涵

工匠精神是一个可以从多角度理解的范畴。目前，学术界对工匠精神的基本内涵莫衷一是，涉及工作态度、职业操守、价值追求、人生态度等多个方面。工匠精神的基本内涵可以大致总结为一种对职业的敬畏、对工作的专注、对产品的执着、对服务的精益求精、对人生的止于至善，其核心是一种“精神”、一种信念或者说一种情怀。把工匠精神聚焦于工匠个体，工匠精神可以解读为执着专注、精益求精、心无旁骛的工作态度和安分守己、尽善尽美、以诚相待的职业操守；把工匠精神定位于工匠群体，工匠精神可以解读为精益求精、崇尚创新、追求完美的价值追求和百折不挠、坚忍不拔、生生不息的人生态度。从本质上讲，工匠精神是一种基于技能导向的职业精神，它源于劳动者对劳动对象品质的极致追求，它具有爱岗敬业、专注执着、精益求精、严谨慎独、创新创造、情感浸透以及自我融入等基本内涵，既表现了对极致之美的品质追求，又体现了对敬业之美的精神追求，还展现了对创造之美的价值追求。

匠人的成功之路是追求职业技能的完美和极致，是把一件事情、一门手艺当作终生事业。他们沉浸甚至享受单调、机械、重复的工作，专注和传承传统技艺的精华。然而，工匠的成功之路并不是一味墨守成规的，而是蕴含着一种在传统技艺的基础上融入与众不同的想法，永不满足、不断超越的创新精神，体现的是传统与现代的兼容并蓄、传承与创新的融合并存。

我国是技能人才大国，也是制造业大国，制造业在国民经济中的地位和作用举足轻重。当前，我国正处在从工业大国向工业强国迈进的关键时期，培育和弘扬严谨认真、精益求精、追求完美的工匠精神，对于建设制造强国至关重要。中华人民共和国国民经济和社会发展第十三个五年规划纲要（简称“十三五”规划纲要）明确提出，“鼓励人才弘扬奉献精神。营造崇尚专业的社会氛围，大力弘扬新时期工匠精神”。在中国特色社会主义进入新时代的历史背景下，中国制造的“品质革命”需要以树匠心、育匠人、出精品为抓手，建设知识型、技能型、创新型的劳动者大军，不忘本来、吸收外来、面向未来，更好地构筑中国精神、中国价值和中国力量。

树匠心是弘扬工匠精神的根本。工匠精神，匠心为本。有没有工匠精神，关键是看劳动者有没有一颗安于默默无闻、执着于追求卓越的匠心。树匠心，就要坚守初心、执着专注，秉持赤子之心，摒弃浮躁喧嚣，在本职岗位上坐得住、做得好。怎样才能坐得住、做得好？关键是劳动者要做到专心专注、追求至精至善，将产品的每个细节都尽可能做到极致。树匠心还需要良好的社会文化环境。为此，既要从中华优秀传统文化中汲取营养，又要紧跟时代步伐、勇于开拓创新，不断赋予工匠精神新的时代内涵，让尊重劳动、尊重知识、尊重人才、尊重创造成为全社会共识，让工匠精神薪火相传、发扬光大。[①]

育匠人是传承工匠精神的基础。工匠精神，匠人为基。广大技能人才是工匠精神的主要传承者、实践者和创新者。实践证明，拥有一支技艺超群、敬业奉献的技能人才队伍，是建设制造强国的坚强保障；只有培养大批技能人才，才能有力支撑制造强国建设。近年来，随着职业技能培训事业快速发展，我国技能人才队伍不断壮大。中华人民共和国人力资源和社会保障部统计数据显示，截至 2015 年底，全国技能劳动者达 1.65 亿人，高技能人才达 4501 万人，分别比 2004 年提高了 89% 和 142%。[②]《国务院办公厅关于印发职业技能提升行动方案（2019 - 2021 年）的通知》（国办发〔2019〕24 号）提出的目标任务为：“2019 年至 2021 年，持续开展职业技能提升行动，提高培训针对性实效性，全面提升劳动者职业技能水平和就业创业能力。三年共开展各类补贴性职业技能培训 5000 万人次以上，其中 2019 年培训 1500 万人次以上；经过努力，到 2021 年底技能劳动者占就业人员总量的比例达到 25% 以上，高技能人才占技能劳动者的比例达到 30% 以上。”

出精品是践行工匠精神的目的。工匠精神，精品为重。只有打造更多的精品，生产更多的优质产品，塑造更多的“中国品牌”，中国经济发展才能进入质量效益时代，中国制造业才能在做大做强中跻身世界前列。[③] 出精品要以精益求精的追求，从创新上

① 王利中，魏顺庆．大力弘扬工匠精神［EB/OL］．（2017 - 08 - 07）［2020 - 08 - 06］．http：//opinion. people. com. cn/n1/2017/0807/c1003 - 29452612. html.

② 王利中，魏顺庆．大力弘扬工匠精神［EB/OL］．（2017 - 08 - 07）［2020 - 08 - 06］．http：//opinion. people. com. cn/n1/2017/0807/c1003 - 29452612. html.

③ 王利中，魏顺庆．大力弘扬工匠精神［EB/OL］．（2017 - 08 - 07）［2020 - 08 - 06］．http：//opinion. people. com. cn/n1/2017/0807/c1003 - 29452612. html.

找动力，在产品和服务两个方面下苦功。在产品方面，应注重改进制造工艺（方法、流程、改造等）、产品性能（设备、工具、新产品等）；在服务方面，应努力提升管理技术水平，不断满足用户对产品和服务多样化、高端化的需求。出精品要以品质为保证，在品种、品质、品牌等方面深耕细作，着力解决质量稳定性、消费安全性等问题。

一、新时代工匠精神

工匠精神的六大要素：（1）爱岗敬业。即献身技术工作、忠诚工作、诚实守信的职业态度；（2）作风严谨。即脚踏实地、一丝不苟、务实严谨的专业精神；（3）精益求精。即注重细节、精雕细琢、追求极致的价值追求；（4）执着专注。即心无旁骛、笃定坚韧、耐得寂寞的精神特质；（5）勇于创新。即革故鼎新、与时俱进、百折不挠的创新意识；（6）敢于担当。即享受工作、勇挑重担、心怀使命的人文胸怀。

新时代工匠精神，除了具有一般意义上工匠精神的内涵，还具有自身的特殊性：既有对中国传统工匠精神的继承和发扬，又有对外国工匠精神的学习借鉴；既是为适应我国现代化强国建设需要而产生，又是劳动精神在新时代的一种新的实现形式。①

大国工匠是我国高技能人才队伍的杰出代表，是产业工人的先进分子，是技术工人的学习楷模。大国工匠的精神特质可以概括为：坚持、专一、崇实、创新、担当。与普通工匠相比，大国工匠的荣誉感更浓烈、家国情怀更深沉、集体主义精神更强烈。大国工匠的成长具有以下普遍规律：（1）长期阶段性积累是成长的必要充分条件；（3）企业发展是成长的有利条件；（3）企业主体是成长的载体；（4）区域集群是成长的重要方面；（5）高技能领军人才是成长的动力；（6）政策制度是成长的关键。②

二、工匠精神的群体构成

中国传统工匠的形象在人们的印象里根深蒂固。有些人认为，随着生产机械化、自动化以及人工智能的发展，传统手工业将逐渐被取代，大多数传统工匠技艺已经过时。这种观念是对工匠及工匠精神群体构成的错误理解。一方面，将“工匠”的概念固化为传统工匠和手工艺人是对工匠作为一种社会分工的窄化。随着时代的变迁，工匠涵盖的职业范围必然与时俱进。如今的工匠已经涵盖各行业中从事技术类工作的职业人群，有技术之处都有工匠的身影；另一方面，这种将被取代和已经过时的观念忽

① 杨冬梅．新时代工匠精神的内涵及特征［EB/OL］．（2019－11－05）［2020－08－06］．http：//acftu. people. com. cn/n1/2019/1105/c67502－31438790. html.

② 任秋君．大国工匠研究［M］．上海：上海交通大学出版社，2019.

视了工匠精神作为一种精神资源的文化价值内核。毋庸置疑，工匠精神源于工匠这一群体，但如若因此就将工匠精神仅仅局限于工匠群体，无疑是片面的，也是不可取的。以“铁人精神”为例，人们不会将“铁人精神”仅仅局限于“铁人王进喜”这一具体个人或者大庆油田的石油工人这个小集体，而是以“铁人精神”代表中国石油工人为国分忧、艰苦奋斗、埋头苦干的整体精神风貌。所以，从精神文化的角度界定工匠精神，应当将工匠精神的群体构成放眼于更加广阔的视域。工匠精神已经作为一种现代社会分工中所有人的价值取向与行为追求，成为新的时代要求。可以说，工匠精神是以工匠的精神为基本内涵，体现于各行各业，甚至是所有劳动形式中的价值观。这一价值观包含了对职业和劳动的认同与热爱，对工作专注、执着的态度，对劳动成果的精益求精，以及对极致品质的追求。正确理解工匠精神的群体构成关乎工匠精神的适用和发展。

三、工匠精神是创造力的基础

创新是引领发展的第一动力，是建设现代化经济体系的战略支撑。在当代科技高速发展的时代背景下，知识体系不断更迭，任何个体、集体的观念都须与时俱进，否则就如逆水行舟，不进则退。党的十八大以来，我国大力实施创新驱动发展战略，创新型国家建设成果丰硕，天宫、蛟龙、天眼、悟空、墨子、大飞机、北斗等重大科技成果相继问世。这些大国重器和科技成果是无数中国工匠数十年如一日地默默积累、沉淀、奉献的厚积薄发，是无数中国工匠创造力的时代结晶。

高层次创新的实现必须有工匠精神的精神引领。具有工匠精神的个人对其能感知到的工作领域内的瑕疵和缺陷，总希望能够加以改进，以至另辟蹊径、力求完美。这种尝试和革新的成功经验又会产生积极的、正向的情感反馈和体验，从而进一步推动类似行为的发生，最终形成良性循环。可见，工匠精神是更基本、更深沉、更持久的工作动力，不仅有助于激发工匠们的创造力，而且当时代机遇来临时，有助于工匠们抓住机遇、展示才华、施展创意。从某种意义上说，工匠精神是创造力的基础。

第二节　工匠精神的历史演变

一、中国工匠精神的历史演变

在我国，工匠精神的历史悠久，从原始社会到现代社会，从孕育产生到发展传承，经历了漫长的演变过程。一方面，这个过程展现了不同时期我国工匠精神的不同特点和要求；另一方面，这也缔造了举世瞩目的世界文明华章。从古至今，中华大地不乏技艺超群、巧夺天工的卓越工匠。自舜帝时期开始，工匠们的事迹就开始大量出现在我国历代史书中。在农耕社会时期，能工巧匠骈兴错出，传世佳作不胜枚举。新中国成立后，大庆精神、“两弹一星”精神、载人航天精神、北斗精神等更是中国工匠的精神华彩。华夏文明对精益求精的追求与推崇从未停歇，一代代的工匠产出的文明硕果灿若星河。例如，在中国古代的冶金业中，铸剑专列为一门工种。中国历史上的铸剑巨匠不胜枚举，绝世之作更是名扬天下（如表 3－1 所示）。又如，中国织绣工艺文化底蕴深厚，在丝织、麻织、毛织、棉织、印染、缂丝、刺绣等工艺上均以历史悠久、制作精美饮誉于世。马王堆汉墓出土的能塞进火柴盒的纱衣和各种杂用织物是中国古代织绣工艺的杰出代表，中国的四大名绣（即“湘绣”“蜀绣”“粤绣”和“苏绣”）更是将中国传统手工艺发扬光大，传承至今。这些熠熠生辉的华夏瑰宝，既是中国一代代工匠的匠心凝萃，又是他们生命的延展。中国工匠用自己的作品说话，在短暂的人生中铸就经典，在历史的长河中永远流传。

表 3－1　　　中国历史上的名剑

名称	评价
轩辕剑	圣道之剑
湛泸剑	仁道之剑
赤霄剑	帝道之剑
泰阿剑	威道之剑
七星龙渊剑	诚信高洁之剑
干将莫邪剑	挚情之剑
鱼肠剑	勇绝之剑
纯钧剑	尊贵无双之剑
承影剑	精致优雅之剑

1. 我国古代的工匠精神

孕育阶段。自原始社会末期起，人类社会经历了三次重大的社会变革，即三次“社会大分工”。第一次社会大分工，畜牧业从农业中分离出来；第二次社会大分工，手工业从农业中脱离出来；第三次社会大分工，商业发展，商人出现。在第二次社会大分工之后，手工业日益发达起来，一个专门从事手工劳动的生产者群体也逐渐形成，也就是我们所说的手艺工人或者工匠。虽然手工业从石器、骨器、木器等工具的简单工艺制作到制陶、纺织、冶金等制品的复杂工艺增多，第二次社会大分工促进了生产规模的扩大和劳动生产率的提高，但是由于当时生产力的落后，人们制造生产工具和生活用具大多数仍以天然产物为原料进行加工。根据考古学家的考证，在距今约7000年的河姆渡文化时期，就有工匠制作刻有花纹的骨笄佩以磨得光洁晶莹的珠、玦、管等装饰品用来固定头发，用虎、熊、野猪等野生动物的牙齿当作佩饰。这些文物都体现出我国古代工匠朴素的工匠精神雏形。《诗经·卫风·淇奥》以“如切如磋，如琢如磨”记录工匠们在对骨器、象牙、玉石进行切料、糙锉、细刻、磨光时表现出来的认真制作、一丝不苟的精神。这种精神不仅是我国古代工匠的价值追求，也是当时工匠精神的具体表现。

产生阶段。工匠精神是一种“道德的精神”。在我国古代，“以德为先”不仅是工匠们必须遵循的行业准则，也是工匠精神得以产生的价值基础。春秋战国时期，以儒家思想为核心的政治伦理文化开始受到人们的广泛关注，“德为先，重教化”的圣人文化逐渐成为中华民族传统文化的重要内涵。随着生产力的发展和技术的进步，社会分工细化，一些特定的职业不但要求从业者具备特定的知识和技能，还要求他们具备特定的道德观念和品质。工匠作为一类职业团体，为了维护职业威望和信誉，适应社会的需要，在职业实践中根据一般社会道德的基本要求逐渐形成了自己的职业道德规范。《左传·文公七年》记载，“九功之德，皆可歌也，谓之九歌。六府、三事，谓之九功。水、火、金、木、土、谷，谓之六府。正德、利用、厚生，谓之三事。义而行之，谓之德、礼”。随着人们对于生产与生活的要求逐步提高，中国古代工匠道德特征的精神走向也突显出来。端正德行、利于使用、富裕民生成为我国古代工匠的职业道德规范和古代人们歌颂的品质。其中，“正德”居于首位，就是要求工匠必须为人正直，端正德行。“崇德尚礼”也因此成为我国古代工匠精神的伦理走向。

所谓“德艺兼修”就是指工匠不仅要有一种道德精神作为内在熏陶，还要具备一种精益求精的技术精神。有德之人，大多数不会让人们失望，但对于工匠来说，“德行”还需要“技能”的辅助。若“有德无才”，梦想极有可能变为空想；若“德才兼备”，梦想会代代积累传承，便不会成为空谈。追求精巧的技艺，是我国传统工匠们穷其一生的追求。我们耳熟能详的“庖丁解牛”成语故事将一个怀揣绝技的厨匠形象塑造得淋漓尽致，而从故事中提炼出的多个成语（例如，游刃有余、目无全牛、踌躇满志、切中肯綮、善刀而藏等）又都生动地展现出当时工匠“心—神—身”联动的精湛技艺。

从春秋战国时期起，属于我国的工匠精神——德艺兼修——基本形成。

发展阶段。我国古代工匠的技艺传承不仅包括技术学习，还包括内在的艺术熏陶和无形的心灵契合。进入封建帝制时代后，随着经济发展水平的进一步提高和社会需求迅速发展，以血缘关系为标志的家族式传承逐渐走出家庭，种类繁多、形式多样的职业教育逐渐成为我国古代工匠之间主要的承接体系和传承方式，“心传身授”的教育模式逐渐成为培养工匠的主要途径。一方面，这得益于手工技艺的不断成熟；另一方面，在于传授者与受教者之间心灵的默会与领悟。

“一切手工技艺，皆由口传心授”，不仅促进了工匠们技艺经验的积淀，而且有利于形成个性化风格的手工技艺。各行各业也因此树立了各自行业的祖师爷，而这些祖师爷的形象也成了当时“工匠精神”传承的代表（如表3－2所示）。《周礼·考工记》中有言“知者创物，巧者述之守之，世谓之工。百工之事，皆圣人之作也”，我国古时民间又有“三百六十行，无祖不立”的说法。其实这些说法都是对我国古代工匠将自己所属行业的创始人尊称为祖师爷、奉为行业守护神的概括。我国古代工匠的主要传艺方式从家族代代相传逐渐演变为通过拜师学艺“传道、授业、解惑”，师徒们在一起生活、学习、讨论、钻研技术，不仅培养了大批手工艺人和工匠技师，也养成了他们“尊师重道，谦虚好学”的美德，尤有“一日为师，终身为父”一说。在我国古代，几个行业共用一个祖师爷，又或一个行业有好几个祖师爷的现象并不罕见。然而，在漫长的工匠技艺传承中，中国工匠们始终奉行着崇拜祖师爷的传统。工匠们极力维护着自己祖师爷的形象，甚至形成了定期祭祀祖师爷的民间习俗。

表3－2　　中国部分传统行业的鼻祖

时代	行业或职业	祖师爷	人物介绍
原始社会	缝纫业	轩辕氏（黄帝）	姬姓，号轩辕氏、有熊氏，后世尊其为中华文明的“人文初祖”。因黄帝曾教民众用骨针穿麻线缝树叶和兽皮做衣，被尊奉为缝纫业鼻祖
	丝绸业	嫘祖	西陵氏的女儿，后来嫁给了轩辕黄帝，发明了养蚕制丝的方法，被奉为“先蚕”，也就是蚕神
奴隶社会	酿酒业	杜康	杜康即少康，夏代的第五任君主
		仪狄	父城（现河南省平顶山市宝丰县商酒务镇）人，相传是我国最早的酿酒人
	铸造业	李耳	字伯阳，一名重耳。生而白首，故号老子；耳有三漏，又号老聃。春秋时期哲学家。因老子曾铸造八卦炉（后人称为“老君炉”）故尊其为铸造业鼻祖
	木匠、石匠、泥水匠	鲁班	鲁班，姓公输，名般。春秋时期鲁国巧匠，由于“般”与“班”同音，人们一般称他为鲁班。相传他曾发明木作工具，创制攻城的云梯和磨面粉的石硙
	厨师	易牙	彭城（今天的江苏省徐州）人，春秋时期齐桓公的近臣，长于调味
	皮匠、鞋匠	孙膑	出生于阿、鄄之间（今山东省菏泽市鄄城县北），战国时期军事家，在齐国任军师。相传齐国士兵本来都穿草鞋、木鞋，行军作战极为不便，孙膑下令改穿皮制及布制的鞋。因此，他被制革、制鞋业被尊奉为祖师
	中医业	扁鹊	姬姓，秦氏，名越人，渤海郡鄚（今河北省沧州雄县鄚州镇）人。战国时期医学家，创立望、闻、问、切“四诊”医术，后世奉其为中医祖师

续表

时代	行业或职业	祖师爷	人物介绍
封建帝制社会	制笔业	蒙恬	姬姓，蒙氏，名恬，琅琊蒙山（今山东省蒙阴县）人。秦代名将。因改良毛笔被尊奉为制笔业的祖师
	造纸业	蔡伦	字敬仲，东汉桂阳（今湖南省郴州市）人。造纸术的发明者
	外科医学	华佗	名甫，字元化，一名旉，沛国谯县（今安徽省亳州市）人，创制麻沸散（麻醉药）用于外科手术，故被尊奉为“外科鼻祖”
	屠宰业	张飞	字翼德，邯郸（今河北省邯郸市）人，三国时期蜀汉大将
	印染业	葛洪	字稚川，自号抱朴子，晋丹阳句容（今属江苏省）人。东晋时期著名医药学家，著《抱朴子》一书，曾在炼丹中提炼出各色染料，被后世应用来印染布帛、纸张
	火腿业	宗泽	宗泽，字汝霖。婺州乌伤（今属浙江省义乌市）人，为宋朝名将。他发明的火腿制作方法流传甚广
	中草药制作业	李时珍	字东璧，号濒湖，蕲州（今湖北省蕲春县）人，明代中医药学家，著《本草纲目》传世

师徒相承，不仅需要为师者具备一定的传授技艺能力，还需要师父胸襟博大、徒弟聪慧勤奋。很多技艺的传承并非是显性的，而是以缄默知识的形式表现，即“师傅领进门，修行在个人”。工匠们依靠言传身教的自然传承，在传授手艺的同时，也传递了耐心、专注、坚持的精神特质。这些特质的培养，依赖于工匠们之间“以心传心、心心相印”的情感交流以及“体察领悟，身知体会”的行为晕染。可见，工匠们对职业的尊重、对专业精神的信仰、对技艺传承的专注、对师徒情义的敬畏，集中体现了我国古代工匠精神的价值意蕴。

2. 我国工匠精神的新时代阶段

今天的中国，正经历着从制造业大国向制造业强国的转型。然而，传统制造业面临的产能过剩、结构性有效需求不足、消费结构有待升级等种种问题使中国制造业大而不强的现状凸显，亟须具备工匠精神和高超技艺的工匠作为人才的有力支撑。新时代呼唤新工匠，制造业强国需要工匠精神，中国制造呼唤工匠精神。

李克强总理在不同场合反复强调培养和弘扬工匠精神对于企业的重要作用。2016年3月，《政府工作报告》指出，“鼓励企业开展个性化定制、柔性化生产，培育精益求精的工匠精神，增品种、提品质、创品牌”。同月，李克强总理对第二届中国质量奖颁奖大会做出“弘扬工匠精神，勇攀质量高峰”的重要批示。2016年5月，考察东风商用车重卡新工厂时指出，“中国制造的‘品质革命’需要精益求精的工匠精神和工艺创新。”同月，李克强总理在贵阳出席中国大数据产业峰会暨中国电子商务创新发展峰会开幕式时再次指出，“以大数据为代表的创新意识和传统产业长期孕育的工匠精神相结合，使新旧动能融合发展，并带动改造和提升传统产业”。2017年3月5日，《政府工作报告》再次指出，“要大力弘扬工匠精神，厚植工匠文化，恪尽职业操守，崇尚精益求精，完善激励机制，培育众多‘中国工匠’，打造更多享誉世界的‘中国品牌’，推动中国经济发展进入质量时代。”这些表述都充分体现出国家对于大力弘扬新时代工匠精神的重视。

中华全国总工会在2015年启动了“大国工匠”杰出技能人才培养宣传行动计划。2017年1月全国总工会进一步要求叫响做实“大国工匠”品牌，加大对优秀产业工人的宣传、培养力度，让更多的“大国工匠”涌现出来。

如今，中国制造、中国创造、中国建造共同发力，持续改变着中国乃至世界的面貌。中国制造正在经历一场“品质革命”，中国创造已在全世界取得了一定的影响力，中国建造的超级工程一个又一个拔地而起。中国路、中国桥、中国车、中国港、中国网，刷新了一个又一个“中国速度”，中国智慧和中国方案一次又一次检验真理。一双又一双勤劳的手默默编织着美好梦想，一批又一批优秀工匠成为我国由“中国制造”转向“中国智造”、由“制造大国”走向“制造强国”的底气和脊梁。

二、其他国家的工匠精神

1. 德国工匠的执着专注

在世界制造业的舞台上，“德国制造”以耐用、可靠、安全、精密等优点闻名于世，俨然成了优质产品的代名词。德国的汽车、刀具、钟表、酿酒设备、地下排水系统、建筑和家具等享誉世界。然而，“Made in Germany”也曾经历过一段知耻而后勇的“质量立国”之路。如今，“专注”成为德国工匠精神的核心内容之一。德国有很多百年企业，为了成为某一产品的全国乃至全球最强，专注于这一领域几十年，甚至上百年。他们不在乎企业规模多大、资产多少、利润多少，只关心产品质量的全球第一。眼光长远的德国中小企业甚至不在意一时得失，而是专注于几十年甚至上百年的不懈追求。因为专注，德国企业和工匠往往终生打造一件精品，世代相传。

“术业有专攻”让“德国制造”成为世界制造业的“领头羊”。德国除了奔驰、宝马、西门子等知名品牌之外，还有数以千计的中小企业，它们大部分“术业有专攻”，一旦选定某一领域或者一个细分产品，就会一门心思扎根下去，不断探索，直到成为这一细分行业的标杆。即使行业暂时不景气，企业也不会轻言放弃。

2. 意大利工匠的纯手工打造

意大利的豪华游艇、数控机床、高端厨具、服装定制等产业非常发达。然而，这些产业在意大利都有一个共同的特点，即小批量生产，甚至是私人订制，十分强调“纯手工打造”。意大利的服装业流行着这样一句话：“顾客看不见，但自己看得见，时间也看得见。”意大利工匠的这种对品质的追求，正是意大利工匠精神的具体体现。

意大利的手工业有着悠久的历史，经过几百年的代代相传，取得了举世瞩目的成就。在意大利，很多工匠都是子承父业。意大利工匠积极地传承着对品质的执着追求并在传承的基础上加以创新。他们摒弃了工业化生产的简单复制，强调以客户为中心，通过工匠的心手相通体现出对人和产品的尊重。这也是意大利许多高端产品得以传承百年、载誉全球的原因。

3. 瑞士钟表匠的精巧用心

钟表业是工艺最精巧的手工行业。瑞士钟表称雄天下一百多年，得益于瑞士钟表匠们的精巧匠心。

20 世纪 70 年代，瑞士钟表业也曾在更便宜、更轻便的日本石英手表冲击下遭遇“寒冬”。然而，时代可以淘汰一种产品，却无法泯灭坚定执着、勇于创新的工匠精神。如今，世界顶级名表的名单上，几乎全是瑞士品牌，是瑞士工匠们的精妙用心帮助瑞士钟表升级迭代，是瑞士工匠们的坚持和坚守让瑞士钟表再次迎来了繁荣的时代。瑞士工匠们利用当代最先进的新材料、研发复杂的新工艺，坚持自主研发机芯模具，最终不仅塑造了精巧耐用的瑞士钟表行业形象，还带动了瑞士各种精密仪器、刀具等行业的迅速崛起。

4. 日本工匠的极致理念

“不凑合，做到极致”是日本工匠精神的特点之一。

日本匠人信奉职业道德，平等意识强烈，有着极强的自尊心和荣誉感，视产品质量如生命，对每一件作品都力求尽善尽美，追求极致，并以自己的优秀作品为自豪。

日本匠人还善于从消费者的需求出发。很多日本的百年老店都不急于“做大做全”，而是专注于某种商品或技术，重视消费者的体验和感受，建立长久的产品情感。因此，一旦工匠们的制成品出现瑕疵，他们自己心里就会非常难受，他们也绝不允许有瑕疵的产品流入市场。日本学者后藤俊夫曾将日本匠人的经营哲学总结为“先义后利”。这种不凑合的经营理念在日本现代大企业中广为流传。

另外，日本社会很尊重有技能的人，匠人的社会地位较高。这为日本匠人的潜心钻研营造了良好的社会氛围。

第三节　弘扬与践行新时代工匠精神

一、我国新时代工匠精神的杰出代表

1. 高铁的首席研磨师

2010 年 12 月 3 日，中国自主知识产权的 CRH380A 型列车在京沪高铁跑出了时速 486.1 公里的世界第一速度。之后，这款列车的车模成为中国领导人在全球推介高铁产品时随身携带的唯一列车模型①。2015 年 7 月，习近平总书记在中国中车的生产车间考察时说："高铁，中国产的列车，是中国制造的一张亮丽名片。"

宁允展，中国中车青岛四方机车车辆股份有限公司车辆钳工、高级技师，从业以来一直扎根生产一线，主要从事高速动车组转向架研磨装配工作。他也被誉为中国高铁的首席研磨师。

转向架，是时速 300 公里以上的高铁都具有的一个重要部件。转向架通过定位臂落在四个车轮的节点上，每个节点的接触面不足 10 平方厘米。当列车以 300 公里以上的时速运行时，接触面承受的冲击力将达到二三十吨。接触面缝隙大了，车轮可能会松脱；如果将接触面完全焊死，转向架就无法再打开，影响列车检修。用宁允展的话说，如果把高铁列车比作一名长跑运动员，车轮就是运动员的脚，转向架就是运动员的腿，而宁允展负责研磨的定位臂就是运动员的脚踝。在世界各国的高铁生产线上，转向架都需要靠手工研磨。而按照国际标准，留给手工研磨的空间只有 0.05 毫米左右，也就是相当于一根细头发丝的直径。

宁允展就在这细如发丝的空间里施展着自己的绝技。宁允展的同事评价他为一个纯粹的"技术控"，他的绝活就是可以像绣花一样，把切口表面这些隐约的竖线织成一张纹路细密、摩擦力超强的网，"0.1 毫米的时候，国内大概有十几个人能干。到了 0.05 毫米，别人都干不了了，目前就只有他能干"。宁允展凭借他的匠心和匠艺先后荣获"全国道德模范""中国好人""全国五一劳动奖章""全国最美职工""全国职工职业道德建设标兵个人""央企楷模""山东好人之星年度十佳人物"等荣誉。宁允展不仅在一线岗位上收获了权威和自信，也为中国高铁列车的高品质制造做出了突出贡献。

---

① 大国工匠节目组．大国工匠［M］．北京：新世界出版社，2019.

2. 火箭“心脏”焊接人

高凤林，中国航天科技集团公司一院首都航天机械公司特种熔融焊接工，特级技师，从事焊接工作三十余年，先后参与北斗导航、嫦娥探月、载人航天等国家重点工程以及“长征五号”新一代运载火箭的研制工作，出色完成亚洲最大的全箭振动试验塔的焊接攻关、修复苏制图 154 飞机发动机，还成功解决了反物质探测器项目难题。

火箭发动机是为火箭提供动力的，被称为火箭的“心脏”。火箭发动机的焊缝细到接近头发丝，而长度相当于绕一个标准足球场一周以上。这种焊接任务需要几万次的精密操作才能完成，而且每一次动作都要保证一次到位，绝不允许有丝毫瑕疵。

绝活不是凭空得，功夫还得练出来。高凤林吃饭时拿筷子练焊接送丝，喝水时端着盛满水的缸子练稳定性，休息时举着铁块练耐力，冒着高温观察铁水的流动规律。均匀呼吸要练，甚至眼睛盯着一个地方不眨眼也要练。但是这些在高凤林眼里都不算什么，只要焊枪一响，面罩一带，高凤林的眼里就只有焊点处金属熔化成柔软流体发出的微光。

2018 年，高凤林获得“大国工匠年度人物”称号。他以卓尔不群的技艺和劳模特有的人格魅力成为新时代高技能工人的时代坐标。

二、以科学的态度弘扬和践行新时代工匠精神

工匠的职业态度、专业精神和人文素养是每一个走向工作岗位的技术产业工人都应当具备的。只有拥有忠诚的职业态度、精益求精的专业精神、乐于工作的人文素养，新时代的技术产业工人才能真正在工作岗位中实现自我价值，才能为企业发展贡献自己的力量。① 以科学的态度弘扬和践行新时代工匠精神，不仅要从中华优秀传统文化中汲取营养，更要赋予中华优秀传统文化新的时代内涵，是弘扬和践行中国特色社会主义文化的重要组成部分；以科学的态度弘扬和践行新时代工匠精神，不仅要传承和发展中华优秀传统技艺，还要把中华文明的自然观、审美观、价值观通过工匠们出神入化的技艺融入作品中，以器载道，用高质量的产品折射出“道技合一”的人文情怀。以科学的态度弘扬和践行新时代工匠精神，就必须使整个社会达成共识，做到以下几个方面：（1）明确工匠的群体构成与文化价值；（2）营造良好的工匠文化氛围，强调工匠的职业认同和职业自豪感；（3）兼顾工匠的经验积累和创新创造；（4）追求实现工匠文化的“以器载道”。

① 李艳娜．论高职院校思想政治教育的新使命——对理性缺失下培养“工匠精神”的反思［J］．产业与科技论坛，2018，17（11）：143－144.

三、培育新时代工匠精神的高等职业教育

新技术产业的产生和发展对新型技术人才提出了更高的要求。21 世纪的职业教育已经发生了深刻的变化，我国职业教育的改革正向着高学历、高技术、高技能教育方向发展。2019 年 1 月，国务院发布的《国家职业教育改革实施方案》提出："随着我国进入新的发展阶段，产业升级和经济结构调整不断加快，各行各业对技术技能人才的需求越来越紧迫，职业教育重要地位和作用越来越凸显。"由此，我国职业教育迎来了新一轮大发展。高等职业教育院校的人才培养目标进一步明确。服务于区域发展的高素质技术技能人才成为高等职业教育的人才培养重点。

工匠精神不是靠自发实现的，而是靠培育和引导才能实现的。培育学生新时代工匠精神是当前高等职业教育的重要内容。高等职业教育作为优化高等教育结构和培养大国工匠、能工巧匠的重要方式，应在实践中积极探索产教融合、校企合作的技能人才培育方式，使城乡新增劳动力更多地接受高等教育。

1. 高等职业教育培育新时代工匠精神的重要意义

当前，我国正处在由"制造大国"向"制造强国"转变的关键时期，工匠精神作为一种重要的精神资源，在建设"质量强国"和"制造强国"中不可或缺。时不我待，培育新时代工匠精神对实施"制造强国"战略具有重要意义。高等职业教育加大对学生工匠精神的培育，将为社会主义现代化建设提供源源不断的智慧支撑。高等职业教育培育学生新时代工匠精神的重要意义包括以下几个方面：（1）培育学生工匠精神是确保学生学有所成、学以致用的内在要求；（2）培育学生工匠精神是加快传统工匠现代化转型和产业转型升级的必然要求；（3）培育学生工匠精神是实现"中国创造"的现实需要。

2. 高等职业教育培育新时代工匠精神的途径

高等职业教育培育工匠精神应从职业性、专业性、创造性和人文性 4 个方面入手：（1）强化专业技能和职业素养，培育学生的职业性。高等职业教育应使学生充分认识自身价值，让学生走向实际工作岗位时有强烈的职业认同；（2）把握理解工匠精神的理论关键，培育学生的专业性。高等职业教育应运用马克思主义理论，从价值论、方法论的角度让学生学会在实际工作中精益求精；（3）激励团队创造和组织创造行为，培育学生的创新性和创造性。高等职业教育应基于多种任务载体培育学生的创新能力；（4）促进学习成果的多层次转化，培育学生的人文性。高等职业教育应让学生将理论知识内化于心、外化于行，使学生在精神层面得到升华。

3. 高等职业教育培育新时代工匠精神的理论关键

理解工匠精神的理论关键在于对理性精神的理解，这一理解应着眼于技术理性和价值理性两个方面：（1）技术理性是理解工匠精神的前提；（2）价值理性是理解工匠精神的尺度。

技术理性是在人与自然关系基础上的人类理性，是扎根于人类物质需求以及人对自然界永恒依赖的实践理性和技术精神，是劳动者认识职业、认识自我和反馈社会的思维方式和实践精神。技术理性在培养新时代工匠精神过程中发挥的重要作用主要表现在以下几个方面：（1）技术理性影响技术发展，是解决技术问题的基础；（2）技术理性促使劳动者形成精益求精、细致的专业精神；（3）技术理性引导劳动者的创新能力和主观能力运用，促使劳动者形成属于自己的职业特色。

价值理性是人在生活实践中形成的对价值及其追求的自觉意识，是作为世界主体的人对自身价值和存在意义的认知，也是人类独有的调节和控制人的欲望和行为的一种精神力量。价值理性在培养工匠精神过程中发挥的重要作用主要表现在以下几个方面：（1）用价值理性肯定劳动者的存在价值，塑造劳动者的精神世界；（2）用价值理性克服价值观的绝对标准化、同一化，培育劳动者的职业认同；（3）用价值理性保障职业态度的良性循环。

技术理性是高等职业教育培养工匠精神的基础①；价值理性是高等职业教育培育工匠精神的保障。在高等职业教育中，应注重培育学生这两个维度的理性，使之服务于职业态度、专业精神和人文素养的培育②。

① 李艳娜．论高职院校思想政治教育的新使命——对理性缺失下培养“工匠精神”的反思［J］．产业与科技论坛，2018，17（11）：143－144.

② 胡冰，李小鲁．论高职院校思想政治教育的新使命——对理性缺失下培育“工匠精神”的反思［J］．高教探索，2016（5）：17.

第二部分

劳动知识与职业素养

第四章　岗位素养和职业素养

本章目标：

了解岗位的定义

了解岗位需求的基本素质以及成长因素

对如何进行职业规划有基础的认识

第一节　岗位胜任素质与能力

岗位指的是组织要求个体完成的一项或多项责任以及赋予个体的权利的总和。岗位与职位的不同之处在于职位一般是将某项任务、职责、责任组织为一体而成，而一个岗位则是指由一个人来从事工作的总和。

想要胜任岗位，就要先明白设立岗位的目的和设立岗位的人的想法和要求。既然岗位是组织为完成任务而设立的，要探寻其胜任素质还得由组织（企业）入手分析，而企业管理员工的科学被称作“人力资源管理”。

人力资源的概念最初是1954年由著名管理学家彼得·德鲁克在其《管理的实践》一书中提出的。他指出，人力资源和其他所有资源相比较而言，唯一的区别在于它是人，是具有“特殊资产”的资源，并拥有其他资源所没有的素质，即“沟通能力、融合能力、判断力和想象力”。而企业只真正有一类资源，那就是人。由此可见，人力资源在经济发展和保持竞争优势中的特殊地位和重要作用。

拓展阅读

国家劳动部将从事井下、高空、高温、特重体力劳动和有毒有害的工种定为特殊岗位。

电工作业。含发电、送电、变电、配电工，电气设备的安装、运行、检修（维修）、试验工，矿山井下电钳工。

金属焊接、切割作业。含焊接工，切割工。

起重机械作业。含起重机司机，司索工，信号指挥工，安装与维修工。

企业内机动车辆驾驶。含在企业内及码头、货场等生产作业区域和施工现场行驶的各类机动车辆的驾驶人员。

登高架设作业。含2米以上登高架设、拆除、维修工、高层建筑物表面清洗工。

锅炉作业，含承压锅炉的操作工，锅炉水质化验工。

压力容器作业，含压力容器罐装工、检验工、运输押运工、大型空气压缩机操作工，制冷作业。含制冷设备安装工、操作工、维修工。

一、人力资源的内涵及性质

1. 人力资源的内涵

自人力资源的概念提出后，学术界就从不同角度对其赋予了不同的定义，众说纷纭，莫衷一是。分歧的焦点主要在如下两个方面：对人力资源的总量的界定。人力资源的覆盖面是全部人口或全部人口中拥有劳动能力的那部分人口，还是劳动适龄人口。对人力资源的本质的界定。人力资源的本质是人口还是人所具有的能力。

在经济学中，把为了创造社会财富而可以投入生产活动中的一切要素称为资源。人身上所具有的知识和能力才可以投入生产活动中去创造社会财富。所以，知识和能力才是生产活动中的实质性要素，才能称得上“资源”。而且，我们常说人力资源是可以开发的，可以开发的是人的知识、技术与能力，而非人的本身。故而，应当从能力角度给人力资源下定义。人力资源的本质在于人身上的能力，而人只是这种能力的载体。人力资源开发的重点是潜能的开发，作为劳动力载体的人口能力，既可以是正在进行劳动的人的劳动能力，也包括潜在的可以参加劳动的人的能力。

综上所述，我们可以认为，人力资源是指存在于人身上的能够创造财富和价值的一切知识、技能、体力等，是可以为创造财富和价值所利用的一切脑力劳动和体力劳动能力的总和。

为正确理解人力资源的内涵，要注意如下几点：

（1）人力资源的本质在于人身上所具有的能够从事劳动的知识、技能、体力等，而非人本身；

（2）体能和智能健全是人力资源的基础条件；

（3）作为知识、技能、体力等的载体，人所从事的劳动必须能创造财富和价值。

2. 人力资源的性质

人力资源与物质资源、信息资源共同构成了现代社会的三大资源，其中人力资源是最为重要的资源。人力资源对一个国家、地区、企业的发展起到了至关重要的作用。

人力资源作为一种特殊形态的资源，既具有其他资源所具有的共性，又有着许多不同于物质资源以及信息资源的特性。人力资源的性质主要表现在如下几个方面。

（1）人力资源具有广泛的适用性。任何资源都能满足人的某种需要，但用途则受到资源本身的特性和人的需要的限制。因此，大多数资源都只能满足有限的、特定的需要。而人力资源可以作为满足人类各种需要的投入要素，广泛地满足人的种种需要，即是具有广泛的适用性。

（2）人力资源是作为投入要素而非劳动成果来满足资源利用者需要。大多数资源都是生产性劳动的成果，但这种成果对生产者而言不是资源，只有这些劳动成果转化为投入要素才能够成为资源，人力资源也是同理。人力资源是一种可以投入活动中利用的能力，劳动者通过教育培训获得能够从事劳动的这种能力，但对劳动者本人来说，这种能力不是资源，只有在可以使用这些能力的资源利用者手里，这些能力才能成为资源，否则，这种能力只能是劳动者本人的劳动成果，而没有价值。

（3）人力资源具有时效性。人力资源的时效性指的是人力资源的形成、开发以及使用都要受到时间上的限制，人力资源是以人的生命存在为前提条件的。人是生物体，具有生命周期，每个人体都会经历幼年期、少年期、青年期、中年期、老年期等，而人可以从事劳动的时间仅仅是整个生命周期的一部分。在这段时间里，由于在每个时期内人的体能和智力不同，其劳动能力也有所不同。比如，人在青年时期是生命力最为旺盛的时期，不仅体力充沛，随着工作经验和素质的提升，各方面能力也渐入佳境，无论是学习还是工作都是最佳时期，人力资源开始产出并不断加大产出的质与量，用人组织或资源利用者应当对这一时期的人力资源进行及时的利用及开发。此外，人力资源与其他资源的不同之处在于，人力资源即使处于闲置状态，也需要消耗一定的物质资源。这就意味着，如果人力资源没有在黄金时期被及时地利用和开发，不仅仅会导致人力资源的浪费，还需要额外付出经济型补偿和物资保障，直到进入老年期，由于生理原因导致产出的体力和脑力总体上有所下降，及至丧失劳动能力而退出人力资源的范围。所以，对人力资源的利用和开发讲究时效，争取最大限度地保证人力资源的产出，延长其作用时间。

（4）人力资源具有能动性。人力资源的能动性指的是人力资源作为生产要素在生产活动中处于中心位置，起着主导作用，能够发挥引导、操纵、控制其他资源的功能。能动性是人力资源与其他资源最为本质的区别。人在生产活动中能够主动地、有意识地认识和改造世界，能够通过接受教育或主动学习，使得自身的各方面素质得到提高，有自己的思想，能够对自身的行为做出选择，能够主动调节与外部的联系，能够有效利用其他资源作为创造财富的资料从而推动社会发展进步。

人力资源的能动性主要体现在以下几个方面：

（1）自我提高的能力。人们可以通过接受教育、培训等学习知识和技能，积累经验，让自己获得更高的劳动能力和素质，达到提高自己的目的。

（2）自由选择职业。人作为人力资源的载体和所有者，根据自己的能力和兴趣自由选择职业，从而实现人力资源的优化配置。

（3）自主劳动的能力。人们在劳动中，可以利用自己的知识、经验、技能、体力以及其他资源，主动地、积极地创造价值，有创造性地为社会和经济的发展做出贡献。

（4）人力资源的开发具有连续性。物质资源通常经过一次加工、二次加工乃至某些深层加工后，即形成了最终的产品，不存在继续开发的问题。而人力资源不同，在开发使用后还可以继续开发。传统观点认为，人们自学校步入工作岗位，就处于人力资源的使用阶段，而停止了对人力资源的继续开发。然而人力资源往往还具有多种潜在的素质，由于缺乏适当的使用环境而被压抑埋没。此时，组织或资源利用者可以通过一定方法使得人力资源不断地被开发出来。当人力资源经过一次新的开发后，其自身的素质可以聚集起来，已经被开发出来的素质和能力也会在新的开发中持续发挥作用，从而更好地增加人力资源的产出。

（5）人力资源具有再生性。人力资源的再生性包括两个方面的内容。一是基于人类生物规律的再生性。这是在人类总体的新老交替过程中实现的，这个实现的过程也是人类自身得以延续和发展的过程。通过人类个体的不断更换，达到人力资源的不断更新和回复的目的。这种再生性不同于一般生物资源的再生，除了受到生物规律制约外，还受到个人的意识支配，受到人类活动的影响和技术更迭的制约。二是基于知识、技能、体力的再生性。人的体能在一个生产过程中消耗以后，又可以通过休息和补充能量从而得到恢复，而知识和技能的更迭，也可以通过培训学习等手段加以更新，从而达到人力资源的再生。

二、岗位胜任应具备的基本素质

从“人力资源管理”的角度出发，组织（企业）人员选拔录用时，看重的不仅仅是求职者的人格特点与知识水平，还会预测其未来的工作绩效，从而最终挑选出他们所需要的恰当的岗位空缺填补者。所以，我们在走向岗位之前，应具备的素质不仅仅在于对岗位的了解，还应有岗位必要的相关知识储备和基础工作的能力。

1. 对岗位的了解

对岗位有所了解，是进入岗位的第一步，也是求职的基础。了解岗位应从如下几个方面入手：

（1）什么岗位。首先要确定岗位名称，从工作性质、工作难易程度、责任大小、资格等方面考虑自己是否适合进入岗位工作。

（2）做什么。了解岗位上要完成什么样的工作。

（3）如何做。了解完成岗位工作的方法和要求。

（4）何时做。明确岗位工作的时间要求，如是否采用八小时工作制，是否需要加班等，从而确定自己能否适应岗位的要求、

（5）在哪里做。了解岗位工作的地点以及工作环境，也包括岗位所处的文化环境及工作环境的稳定性等。

（6）需要何种技能。明确进入岗位工作所需要的工作技能。如口头交流技能、迅速计算技能、熟练使用设备、联络技能等。

2. 必要的知识储备

在岗位上为了完成工作，需要有与工作相关的知识储备。在做了第一条对岗位的了解之后，就要根据自己对该行业或对该岗位的相关知识储备来决定自己是否适合选择该行业、该岗位进行工作。如文字运用类的岗位（文秘、文案等）需要熟练掌握“office”“WPS”等系列软件的应用，具备一定的中文理解及写作能力，部分涉外岗位还要求有一定的外语词汇储备，语言能力考试成绩是加分项。此外，劳动相关的法律法规知识、劳动保护方法与政策等，也是必要的知识储备。

3. 基础工作能力

工作能力指的是对一个人在一个岗位工作的一组标准化的要求。在企业管理中用以判断员工是否称职。在了解岗位和准备必要的知识储备之后，需要融合起来总结成基础的工作能力，也就是说，需要展现出适合在入职的岗位上工作的基础的能力。如文字运用类岗位需要具备处理一般信函、简报、便条、备忘录、通知等文件的能力。

三、胜任能力与胜任能力模型

1. 胜任能力的含义

1973 年，哈佛大学教授麦克利兰博士在《美国心理学家》杂志上发表了一篇名为《测量才能而非智力》的文章，该文通过对绩效卓越者的一系列研究，颠覆了传统的智力概念。文章指出，智力并不是工作绩效高低的决定因素，而态度、认知、个人特质等才是卓越绩效背后的真正原因。文章强调回归现实，从第一手材料入手，直接发掘那

些能真正影响工作绩效的个人条件和行为特征，为提高组织效率和促进个人事业成功做出实质性的贡献。他把这种直接影响工作业绩的个人条件和行为特征称为胜任能力。

胜任能力这一概念多年来经历了诸多变化，1985 年，斯滕伯格的智力三元理论进一步发展了胜任能力的概念，他提出的实践智力与内隐知识的概念为胜任能力理论奠定了坚实的基础。20 世纪 90 年代后，胜任能力概念被带入了战略层次，进一步拓宽了胜任能力的内涵，使胜任能力概念上升到了组织层面。

胜任能力研究到目前，它较为统一的概念是指在工作情境中员工的价值观、动机、个性或者态度、技能和知识等关键特征以及组织与市场相关联的独特的智力、过程和产品的能力。胜任能力具有以下 3 个重要的特征：

（1）绩效关联，可以预测员工未来的工作绩效；

（2）动态特征，与任务情境相联系；

（3）显著性，能够区分业绩优秀者与一般员工。

2. 胜任能力模型

所谓胜任能力模型，指的是在人才资源管理中根据长期观察和实践经验，将人才完成某种或某类工作所需要的能力基础要素，或者要求实现的目标要素，运用文字描述、数理矩阵、图形演示等手段制作的图标、软件、要素说明书等信息化管理工具。

何谓人才？简单来说，符合岗位要求、适合岗位的人，就是人才。也就是说，岗位所需要的个性、知识、技能、综合能力、经历以及经验等，与岗位任职者的素质与能力相吻合，就是人才。通过建立胜任能力模型，不仅可以筛选到适合岗位要求的人才，还可以选拔到具有成功潜力的员工。潜力与员工的个性密切相关，潜力是一个人的天赋或天资，这种天赋或天资我们通常称之为特长，它们往往是内在的，隐藏的，通过简单的招聘过程很难发现，甚至应聘者本人也并不完全清楚。据研究表明，那些绩效卓著者基本上都是利用了自己的特长，是特长与岗位相符合的结果。特长与岗位符合，工作起来便得心应手，便事半功倍。所以在筛选和选拔员工的过程中，始终要以岗位要求的个性、知识、能力、经历、经验为重点，才能真正选择到适合岗位的员工。

3. 学以致用

我们学习了组织或企业在人员招聘中的想法及侧重点后，就应该学以致用。只具备岗位胜任的基本素质，往往在应聘过程中很难为自己争取到优势，还应当在企业注重考察的方向上打磨自己，让企业看到自己未来工作绩效提升的潜力，从而为自己争取到岗位助力。如锻炼自己的观察力、注意力、记忆力、理解力、抽象思维能力、判断推理能力等。

个性，是在一定的社会条件和教育影响下形成的一个人的比较固定的特性，它包括个体思想、情绪、价值观、信念、感知、行为与态度，个体独有的并与其他个体区别开来的整体特性，即具有一定倾向性的、稳定的、本质的心理特征的总和。而个性在岗位招聘的过程中是被企业优先看重的，也是求职者是否适合岗位最重要的指标之一。所以，在选择岗位时应当充分了解自己的个性是否适合。如文字运用类岗位需要有缜密的思想、稳定的情绪、处理繁杂事务的耐心、细致的态度等，如果个性不相符合，就要考虑是努力改变自己的个性还是更换更加适合自己个性的岗位。

课后训练题：以你现在学习的专业，从事哪些岗位最为适合？

第二节　分析岗位成长因素

一、职业生涯规划

职业生涯指的是一个人在一生中实际在所有岗位上度过岁月的整个经历。它由个人与工作相关的行为活动、认知工作的态度和价值两大方面组成。

1. 职业生涯发展阶段

一个人的职业生涯发展阶段可以归纳如下。

（1）职业探索阶段。个人关于职业的概念来自媒体、家庭、学校和书本，有了对职业的概念，对自己的职业需求有了大概的评价，已经能够意识到自己的长处和弱点，并通过学习，选择职业发展的途径。

（2）早期的职业确立阶段。随着个人进入企业，走上工作岗位，由求职者变为组织中的成员。这一阶段职业生涯发展的主要任务是进入最初的职业体验。走上第一个岗位，接受第一项工作任务；发现及处理在工作中出现的理想与现实不吻合所带来的问题和焦虑；调整自己的性格，尽快熟悉组织文化，符合组织行为模式；找到进一步的个人职业发展道路，决定积极地调整自我与工作的适应程度，寻求被提拔和晋升的方式，或者决定混日子或者选择离开现在的组织或岗位。

（3）职业生涯的持续阶段。职业生涯持续阶段的主要任务是，处理好自我发展与家庭发展的矛盾；使其与工作协调起来；进一步学习、发展自己的职业绩效标准，稳固自己在组织中的地位；评价职业对自己未来发展的意义，或者做出新的职业岗位选择决定。

（4）衰退或离职阶段。个人逐步从组织中退出，收缩原有职责和权力。此时的主要任务是，要认识和接受退休的现实，学会在家庭和社会活动中寻找新的满足感；学会用已有的知识和技能从事自己的“职业后生涯”，平静地度过晚年。

在个人职业生涯发展的后三个阶段，尤其是中间两个阶段，组织对个人发展的意义重大。其过程实质上是个人与组织的相互交往、相互作用的过程，是个人需要与组织不断适应的过程。

2. 职业生涯规划方法

职业生涯规划是个人对自己未来的职业生涯发展进行的总体策划和准备，在职业生涯规划的步骤中，个人和组织的努力要结合起来。常见的职业规划通常通过如下步骤来进行。

（1）自我评估。此时，个人分析和确定自己的知识、能力、职业性向及职业生涯发展的目标。个人的自我评估要用到各种信息，个人可以通过较长期的自我观察、自我体验来获取这些信息，企业也可能会提供一些自我评估的方法来供其员工使用。

（2）实际检验。此时，员工从企业获得信息，了解企业对自己的评价，明确自己的发展发展规划应该如何适应企业的发展规划。这里，规模较小的企业会采取简单的做法：由员工的直线主管会同企业专门的人力资源管理人员或其他相关人员，结合员工的绩效来提供评价信息，指引员工的职业生涯规划。具有一定规模的企业通常会采取更加严密的做法：有关人员收集员工从求职到日常工作等各方面的信息，使用企业选定的心理测试和技能评估方法，对员工的综合素质和发展潜力做出评估，再结合企业发展规划所提供的企业发展机会，对员工进行指引。

（3）目标设定。此时，个人形成了职业生涯发展的目标，初步完成职业生涯规划。目标通常表现为在一定时间内提高工作技能、获得理想工作岗位或工作安排。企业通常会鼓励员工和直线主管或人力资源管理者讨论这些目标，尽可能保证目标兼具现实性和挑战性。

（4）行动规划。此时，个人要制定达到职业生涯规划的行动和措施，如参加各种培训或者参加项目运作团队等。制定行动规划同样要得到企业的大力支持，直线主管和专门的人力资源管理人员一方面会对员工的行动规划提出合理化建议；一方面也会由此考虑安排有关的培训和发展项目，保证落实员工成长的平台。

（5）评估、反馈与调整。由于涉及长期的职业生涯发展目标和行动规划，个人需要不断对实际情况进行评估，以此来调整职业生涯规划。这个过程中，企业会继续把对员工评估所得的信息反馈给员工，并引导员工兼顾个人和组织的要求，追求个人和企业的共同发展。

二、个人岗位成长的阶段

通过学习职业生涯规划，我们应了解在岗位工作中需要与组织（企业）进行沟通，以便修正自己的成长路线，从而更好地适应岗位、适应组织，更好地贴合职业乃至整个行业。

1. 无意识无能力阶段

刚刚走上工作岗位的人，对岗位、对自我没有充分的了解，很容易进入“邓宁—克鲁格效应”。“邓宁—克鲁格效应”（The Dunning-Kruger Effect），也被称为“达克效应”。指的是能力欠缺的人，在自己做事欠考虑的基础上得出错误结论。但是，其本人无法正确地认识到自身的不足、辨别自己的错误行为，是一种认知偏差现象。这些能力欠缺者们沉浸在自我营造的虚幻优势之中，常常高估自己的能力水平，却无法客观评价他人的能力。

在这个阶段，人们通常不知道自己不知道，靠着一种盲目的自信和激情做出一定的成绩。这个阶段无所畏惧，豪情万丈。但是，当激情消耗殆尽，遇到的各种现实问题无从下手之后，原来的自信就会开始坍塌崩溃，而绩效也会随之下滑。这样就会进入退出或继续坚持的抉择。

2. 有意识无能力阶段

随着工作的深入，遇到的问题越来越多，工作中诸多禁止标志总在对新人宣告此路不通，然后发现岗位发展的道路越走越窄，越走越不好走。这时，新人们开始意识到自己在某方面的能力是有所欠缺的或是没有能力的。

有些人在此时退出了工作岗位，但是大多数还是很快地对自己进行调整而适应现实。这是岗位成长的关键阶段，直接决定着是否可以真正发展下去。此时，选择坚持的人应当思考自己所欠缺的能力哪些与岗位和工作直接相关，而这些直接相关的欠缺，往往是自己优势能力中的不足，一旦补足，成效便会十分明显。工作岗位上的进步，关键在于如何发挥自身优势，组织并不需要员工完美无缺，关键是要学会扬长避短。

3. 有意识有能力阶段

所谓有意识有能力，指的是知道自己在某方面是有能力的，能明确自己的优势方向，能够构建自己的优势领域。个人已拥有足够的智慧和力量，可以在复杂的环境中把工作完成、做好，还保持高效，并且能够形成自己的一套工作标准以及个性化的工作流程。能够做到这里，应当已经可以掌握岗位工作的各个方面工作，熟练运用岗位职能。如文字运用岗位中，不仅仅满足于一般的文档制作，还可以进行报告、汇报文件、总结文件的撰写，以至于直接参与企业开发文件或研究报告的创作等。这个阶段的员工也更加容易受到组织的关注，也很容易在此时得到岗位调动和晋升。但此时也容易因成功使人自傲而失去改变的能力从而因此丧失重要学习能力；容易对变化本能地拒绝接受，无法适应越来越快速的技术更新和理念转换，继而被他人取代。

4. 下意识有能力阶段

当人们把工作岗位上所需的能力训练到一定程度，就会对工作毫不费力地做出反应。能够做到这一阶段，应该可以将本岗位上所有工作融会到自己的生活中，成为习惯，继而开拓创新。组织需要有人打破常规，找到更好的解决问题的方法，进一步提高工作效率，通过创造性劳动与时俱进，学习新理论，接受新观念，运用新工具，创造新方法，使自己永不落后，推动组织进步。可以发展到这个阶段的员工，也已经在组织中身居高位了。这时，技术能力已经不是第一关键，磨炼和强化自己的职业道德，适应成为管理者之后的身份转换，依旧保持稳定的工作态度，带领组织和自己一同进步。

三、绩效管理

个人成长过程中，离不开组织（企业）的辅助和引导。绩效管理则是组织（企业）影响员工成长的手段。

1. 绩效的概念与意义

在管理学中，绩效被定义为组织期望的结果，即组织为实现其目标而展现在不同层面上的有效输出，包括组织绩效、团队绩效和个人绩效三个方面。在这里只讨论个人绩效。个人绩效指的是员工个人的工作态度、工作能力、工作行为和工作结果等。

关于个人绩效的内涵，学术界一直莫衷一是。一种观点是“行为说”，即认为绩效本身并不包括员工的行为所产生的结果，而只包括他们的行为；另一种观点是“结果说”，即绩效应该是以结果为中心，因为只有这样的绩效才能将个人的努力与组织的目标结合起来。但无论是“行为说”还是“结果说”，都有其局限性。员工的行为与工作结果之间是一个顺承的关系，将任何一方从绩效的内涵中分割出去都是片面的。员工的种种行为影响着工作结果的实现，而工作的结果反映员工的工作行为、工作能力和工作态度。所以总体来说，个人绩效应该被定义为组织中不同层级的员工需要完成的任务以及完成该任务的效率和效能，其包括员工的工作态度、工作能力、工作行为和工作结果等多方面内容。

绩效的意义可以从多个角度去分析：从个人角度看，绩效是员工在一定时间内工作的成果和能力的反映。员工个人对于自身的绩效表现有着一定的期望和了解绩效细节的需求，所以绩效的高低直接影响了员工的心理和工作上的状态，甚至影响员工职业生涯规划、人生观、价值观等。从组织角度看，绩效管理处于人力资源的核心地位。从工作角度分析，定制岗位职责，依据组织的战略目标，继而制定绩效管理的标准，实施绩效管理，其结果又可以被用于奖励、培训、晋升、解雇等方面。绩效管理对组织的作用主要集中体现在它是奖励、调配、解聘的依据，具有奖励、控制和发展的作用。也就是说，组织内员工个人绩效的高低是决定组织能否完成组织战略目标的关键因素，也是控制和影响个人岗位成长的重要手段。

2. 绩效管理的目的

绩效管理指的是识别、衡量以及开发个人和团队绩效，并且使这些绩效与组织的战略目标保持一致的持续性过程。绩效管理的目的主要是进行行政管理，如制定调迁、升降、委任、奖励等人事决策。其目的也有岗位管理方面的，如绩效考核的结果对被考核人的反馈，以及据此结果制定与实施培训计划、协助员工成长等。绩效管理的主要目的有如下几个方面。

（1）激励和鞭策员工。绩效管理本身是一个绩效控制手段，它是对员工业绩的评定与认可。因此绩效管理具有对员工的激励功能，使员工体验到成就感、归属感，从而增强其工作满意度。另外，绩效管理也是执行惩戒的依据之一，而惩戒也是提高工作绩效、引导员工成长不可缺少的措施。

（2）提高员工的工作绩效。组织应用绩效管理的主要目的在于提高员工的工作绩效进而开发其能力。组织内任一层级的员工均可以通过绩效管理系统的反馈功能得知其工作上的不足及原因，而组织则可以根据绩效管理的结果为员工制定因人而异的培训和开发计划，从而引导员工成长，提高员工未来的绩效。

（3）辅助组织的管理。绩效管理在维持和提高组织的有效性方面起着不可替代的作用。组织可以通过绩效管理评定员工工作的优劣，分析员工的自身素质的高低，确定员工的层级，调整员工的职业生涯规划等。

（4）促进管理层与员工之间的沟通。在绩效管理的过程中，员工的实际工作表现经过管理层的考察与测评，可通过面谈和其他渠道，将结果向被考核者反馈，并听取反映、说明和申诉。这样，绩效管理便具有了促进上下级间的沟通、了解彼此对对方的期望的作用，让员工更加容易地得到职业生涯规划的引导。

（5）利于组织战略目标的实现。现在组织对于绩效管理的应用非常广泛，通过绩效管理，管理层拉近了与员工的距离，增加沟通，从而提高员工的组织承诺，增强组织整体的竞争力，有利于最终实现组织的战略目标。另外绩效管理中得到的相关组织信息也可以提供给生产、供应、销售、财务等其他职能部门，供制定有关政策时作为参考依据。

3. 绩效考核的内容

组织要进行准确而有效的绩效考核，必须选择适当的考核指标，并以科学、严谨、公正的方法去考核。完整的绩效考核指标应该包括工作业绩考核指标、工作行为考核指标、工作能力考核指标、工作态度考核指标等内容。由于各个组织（企业）所处的环境不同、完成目标的管理工作中的具体特点不同以及经营者的偏好不同，都可能使组织在进行绩效考核时偏重于其中一项或者几项。

（1）工作业绩考核。工作业绩考核是对组织员工担当工作的结果或履行职务工作结果的考核。它是对组织员工贡献程度的衡量，是所有工作绩效考核中最本质的部分，直接体现出员工在组织内的价值大小。在组织中，工作业绩主要指能够用具体数量或金额表示的工作成果，是最客观的考核指标。

（2）工作行为考核。工作行为考核的主要目标是对员工在工作中表现出的相关行为进行的考核，衡量其行为是否符合组织规范和要求，是否有成效。由于是对行为进行考核，很难用具体数字或金额来精确表述，因此，在实际考核过程中，组织常常用频率或次数来表述员工的工作行为，并据此进行评价，也属于客观性考核指标。例如，出勤率、事故率、表彰率、违规违纪次数、客户满意度等等。

（3）工作能力考核。工作能力考核是考核员工在职务工作中发挥出来的能力。如，在工作中判断是否正确，工作效率如何，工作中的协调能力等。根据被考核者在工作中表现出来的能力，参照指标或要求，对被考核者所在岗位与其能力是否匹配来评定。这里的能力主要体现在以下几个方面：专业知识和相关知识；相关技能和技术；相关工作经验；所需的体能和体力等。需要指出的是，组织绩效考核中的能力考核与一般能力测试不同，与被考核者所从事的工作相关，主要评价其能力是否符合所担任的工作和职务。

（4）工作态度考核。工作态度考核是对员工在工作中付出的努力程度的评价，即对其工作积极性的衡量。常用的考核指标是主动精神、创新精神、敬业精神、自主精神、忠诚度、责任感、进取精神、自信心等。工作态度是工作能力向工作业绩转换的催化剂，在很大程度上决定了能力向业绩的转化。

课后训练题：试着为自己的职业生涯做一次规划，并思考为了达成最后的职业目标，需要哪些工作能力？需要经历哪些阶段？

第三节　提升职业素养

一、职业素养的含义

职业素养是指职业内在的规范和要求，是在职业过程中表现出来的综合品质，包含职业道德、职业技能、职业作风和职业意识等方面。

1. 职业道德是人在职场中的灵魂

前文已述，职业道德是人们在一定职业活动范围应当遵守的，与其特定职业活动相适应的行为规范的总和。

著名企业家牛根生说："为什么有人能力大发挥作用却小？为什么有人似乎无所不知却又无所作为？为什么有人升迁很快而有人遭排挤？为什么有人盯着好房好车却不能盯着责任义务？"忠诚、敬业、进取、负责，这四种职场中的态度是职业道德在实际工作中的具体表现，缺乏这四种态度，可以说是一种灵魂的缺陷。是一种只想到利而想不到义，只想到自己而想不到他人，只想到局部而想不到整体，只想到眼下而想不到未来的灵魂缺陷。一个人对待本职工作是半推半就、半途而废，还是全心全意、有始有终，是判别一个人职业道德是否具有灵魂的标准。这也是职场成功的先决条件。

2. 职业技能是人在职场中的武器

职业技能是指在职业分类基础上，根据职业的活动内容，对从业人员工作能力水平的规范性要求。它是从业人员从事职业活动，接受职业教育培训和职业技能鉴定的主要依据，也是衡量劳动者从业资格和能力的重要尺度。简单来说，就是走上职场所必需的能力和必须掌握的技术。职业技能是人在职场中价值体现，也是为组织创造价值工具和推动企业发展的重要动力。所以，职业技能是职业素养中最为核心的构成要素，是入职以及在职场前行的有力武器。

3. 职业作风是人在职场中的形象

职业行为指的是人们对职业劳动的认识、评价、情感和态度等心理过程的行为反映，是职业目的达成的基础。它是由人与职业环境、职业要求的相互关系决定的。职业行为包括职业创新行为、职业竞争行为、职业协作行为和职业奉献行为等方面。人们一旦形成了良好的职业作风，就能在职业活动中自觉按照职业规范行事，表现出良好的工作态度和道德品质。一个组织有了良好的职业作风，便能带动组织内部互相教育、互相影响、互相监督、促进协作，形成风尚，使得好的思想、行为、品质得到发扬，也使得不良的思想、行为受到抵制。

4. 职业意识是人在职场中的基础

职业意识是人们对职业劳动的认识、评价、情感和态度等心理成分的综合反映，是支配和调控全部职业行为和职业活动的调节器。它首先表现出来的是对所从事或即将要从事的职业的认同感，认可并热爱这一职业，愿意投身于该职业领域，进而全面理性地认识该职业的职业性质、职业道德、职业信念、职业目标、职业能力、职业道路等，进而产生积极、健康的工作态度。对在岗人员来说，职业意识可以激发工作热情，指导工作方法，提高工作效率和工作效果；而对于处于专业学习阶段的学生来说，职业意识可以确定学习目标，明确发展方向。

二、如何培养大学生的职业素养

1. 树立职业理想是培养大学生职业素养的切入点

职业理想是人生对未来职业的向往和追求。帮助大学生树立坚定正确的职业理想是高校对大学生职业教育的切入点和核心内容。大学生的职业理想是他们人生职业实现的精神支柱，它对促进大学生在学业上奋发进取、顽强拼搏、锲而不舍地按照自己的职业需要充实完善自我，实现未来人生的职业目标有积极的促进作用。

正确的职业理想还有助于学生在求职过程中正确处理国家、社会和个人之间的关系和合理地确立求职的期望值，自觉将国家需要与个人利益相结合。大部分学生孩提时代就有最初的职业理想，有的想当科学家，有的想当医生，有的想当作家等。这种懵懂的职业理想随着人的成长而变得成熟，特别是受过高等教育的大学生，树立正确的职业理想，将是学生们人生起航的坐标点和职业归宿。要使大学生的职业理想向正确的方向发展，必须使学生们的人生观、价值观、世界观与职业观辩证统一起来，让正确的职业理想成为大学生成人、成才、成就人生的起点。

2. 了解职业个性是培养大学生职业素养的关键点

人力资源管理的理论指明，职业个性对个人事业的成功与否有密切的联系。美国学者弗兰克·帕尔森（Frank Parsons）最早提出了职业辅导理论——帕森斯的特质因素理论，他在其著作《选择一个职业》中指出：人的个性影响职业行为习惯，每个人都有自己独特的能力模式和人格特征，每个人格模式的个人都有其相适应的职业，人们要想在职业生活中充分地施展自己的个性特点，实现自己的个性要求，获得尽可能大的自由感、满足感和适应感，那么在择业前，就应该了解自己所属的个性类型及其职业适应性。

因此，高校在培养职业素养时要解决大学生的兴趣、能力与工作机会相匹配的问题，帮助大学生寻找与其特性相一致的职业。例如，学生喜欢什么样的同事，喜欢怎样的活动，对什么问题感兴趣，这些问题都会与他们未来的工作状态有必然的联系。如果学生了解这一点，在确定自己的工作时，会多一些理性的思考，选择职业的针对性也会增强。如个性偏内向的学生要知道自己的个性如何更好地发挥优势；个性外向类型的学生在做研究工作时的最大挑战是什么；作为管理人员要善于交往沟通，多角度思维，关心下属；而商场营业员则必须具有主动、耐心、热情等性格。从事每一种职业都需要有一定的职业性格与之匹配，好的职业性格有助于个体在相应职业中更良好地完成工作。

3. 提升职业道德是培养大学生职业素养的着力点

职业品质指的是人们在职业行为、工作作风方面表现出来的思想、认识、态度和品质等。提升学生职业品质的过程，也是帮助学生们逐步实现社会化的过程，是提高大学生职业素养的关键所在。

来自哈佛大学的研究表明，成功因素中的85%取决于积极的职业态度，15%才是本人的职业技能。从这个角度看问题，我们认识到人力资源管理的理论已为择业者的职业品质赋予了新的内涵。用人单位对应聘者的职业品质需求对学生发展有着很好的导向作用。诸如积极的人生态度、开拓创新精神、沉着应变能力、团队合作精神、敬业精神等，许多职业已向择业者提出了更高要求。根据调查，学生对提高人际交往、组织能力、平衡心态、处理冲突等多方面的能力培养有比较强烈的愿望，这也是学校开展就业指导和提升职业素养教育的重要基础和方向。

4. 培训职业技能是培养大学生职业素养的落脚点

相应的技能是大学生进入职业领域的资本，不同的职业会对人们有不同的技能要求。做研究工作要求具有调查、分析、归纳、演绎的技能；做教育工作要求有澄清、说服、评估、鼓励的技能。大学生对技能的理解存在一些模糊的认识，认为经过了专业学习，就有了相应的技能。学校须让学生了解知识教育是学习技能的基础，要把知识转化为技能，必须经过反复实践和体验。要求学生学会整理自己的技能清单，了解这些技能与自己的职业目标之间的差距，以及职业技能培养的途径和认识的方法，这是提升职业素养所需要解决的重要问题。大学生应该通过制定自己的职业计划来了解自己，也包括了解他人和了解社会。在制定计划中大学生需要经历几个实践环节；一是通过各种途径收集一些相关的信息来补充、完善自己制定的职业培养计划；二是在做计划时要评估目标实现的可能性，兼顾自己的能力、环境条件的限制、周围人对自己的期望等；三是要预测在实现目标的过程中，可能出现的阻碍和如何逾越障碍。

学校应安排企业人士、职业成功人士到校讲学，鼓励学生与有关职业成功人士交流，汲取成功经验。还应当鼓励学生利用业余时间参加一些临时性的工作，以获取更多的经验和社会信息。通过实践，让学生对自我有更全面的了解，如个人价值观、人格、兴趣、能力倾向等，让学生自主地有针对性地补充自己的学习内容和调整自己的职业价值取向。

三、在组织中提升自身的职业素养

1. 提升职业素养的重要性

在组织中，职业素养是人们在从事职业工作时尽自己最大的能力把工作做好的素质和能力，它不以做了一项工作或一件事会对个人带来什么利益或造成什么影响为衡量标准，而是以其与工作目标的关系为衡量标准的。良好的职业素养应该是衡量一个职业人成熟度的重要指标。从个人角度来看，适者生存，个人缺乏良好的职业素养，就很难取得突出的工作业绩，建功立业更是无从谈起；从企业角度来看，唯有集中具备较高职业素养的员工才能求得生存、推动发展，他们可以帮助企业节省成本，提高效率，从而提高企业在市场的竞争力；从国家角度看，国民职业素养的高低直接影响着国家经济的发展，是社会稳定的前提。

2. 提升职业素养的方法

（1）严于律己。①该自己承担的工作就不用别人帮忙。如果自己应该做的却没有做好，总是需要别人来帮忙才能完成任务，就说明自己不称职。久而久之，自己的工作能力上不去，在别人心目中的形象也立不住。长此以往，别说是向上发展，在原来的工作岗位上能否站稳都不好说。一个不能胜任本职工作的人，就离脱离本职不远了。②该别人展示的事自己不要抢。每个人的工作都有自己辛苦的时候，也都有该自己展示的时候。不属于自己展示的时间，一定不能去抢别人的风头。不然的话必然要受到别人的抱怨与责难。③自我解嘲且不自我显示。在组织中，要少谈自己多谈事。一个人的经历很多，有成功的，也有失败的，不反对拿出来作为案例。对于一些成功的案例，尽可能不要说是自己的。可以提这件事，可以说成是在自己身边的某个朋友或同事身上发生的，可以避免有自我吹嘘之嫌。一旦让人家感觉是在自我吹嘘，引用案例的作用便会大打折扣。而一些大众化的错误、问题，则可以以自己为例，通过一些常见的小错误自我解嘲，非但不会影响自己的个人形象，反而拉近了你与听众之间的距离。④做到外圆内方。做任何事都要有自己的原则，不能人云亦云；一个没有主见的人，必将一事无成。但是还要掌握一个“度”，有些事未必就是自己正确，一旦发现自己的观点不正确，就不能继续固执己见。一味地固执己见和盲目地听从他人都是不可取的。要审时度势，根据事物的性质去判断什么时候该坚持、什么时候该听从，不能为计较个人的得失而偏执。在方式上要注意，即使坚持自己的正确意见，也要给他人留有余地。⑤不断提高职业技能。《劳动法》第三条第二款规定：“劳动者有提高职业技能的义务”。投身于一种职业，拥有职业技能是先决条件，但没有经过实践的职业知识和没有经过推敲的专业技术都是不过硬的。这些都需要在长时间的职业岗位实践中探索和磨炼。组织有时会提供一些培训的机会，须抓住机会从而得以迅速提升自己的职业技能；同时，自己也需要时时读书钻研，向前辈、师父请教，汲取各方面的营养来充实自己。“业精于勤荒于嬉，行成于思毁于随”，社会生产力在不断发展进步，职业技能的提升必须与时俱进，才能不被组织和时代所淘汰。

（2）团结协作。热爱、关心组织的人，会将组织的命运与个人命运结合起来，从而自发的努力工作，贡献自己的力量，如此逐步独当一面，让组织对自己放心，从而奠定自己在组织中的地位。反之，如果不热爱组织，将所在组织作为临时场所，浑浑噩噩，工作便不会出色，甚至出现纰漏。工作做不好，无法为组织贡献力量，在组织中的分量会逐步下降，最终流失。

①关心、爱护同事。关心、爱护同事的人，才能与组织和谐共存。在组织中的工作，很多事情单打独斗难以完成，需要与其他同事协调配合。只有和组织里的同事积极配合，取长补短，才能把自己的价值发挥到最大化，实现共同成长。反之，对待同事不耐烦，态度不好，会和同事的距离越来越远，继而在工作中得不到同事们的协作，最终在组织中无法生存。②注意做好“边际”的工作。“边际”的工作指的是从职责划分上不是十分明确，你也应该做，他也应该做的工作。不论谁做了，工作任务就完成了。但是如果都不去做，造成工作失误，相关人员都有责任。而能主动做好这类工作的人，才是受欢迎的人。③认同企业文化。企业文化是企业在生产经营实践过程中逐步形成的，带有本企业特点的使命、愿景、宗旨、精神以及经营理念等，以及这些概念在生产经营实践、管理制度、员工行为方式与企业对外形象上的体现的总和。它规定了员工们的基本思维模式和行为模式。只有员工衷心认同企业文化的核心价值观念，促进员工拥有奋发向上的心理状态，才能积极推动企业变革和发展。

课后训练题：如果你是一家公司的老板，你觉得劳动者最重要的职业素养是什么？

第五章　关于劳动的法规知识

本章目标：

了解《中华人民共和国劳动法》

了解《中华人民共和国劳动合同法》

了解《中华人民共和国社会保险法》

劳动法是调整劳动关系和与劳动关系密切联系的其他社会关系的法律规范的总称。其中，“劳动关系”指的是劳动者与用人单位之间因工作时间、取得报酬、劳动纪律、劳动安全以及职业培训等方面问题发生的关系；“与劳动者关系密切联系的其他社会关系”主要指的是劳动行政部门与用人单位、劳动者在就业、争议、社会保险等问题发生的关系；工会与用人单位、单位职工之间因履行工会职责而发生的关系等等。《中华人民共和国劳动法》《中华人民共和国劳动合同法》《中华人民共和国社会保险法》在劳动关系的建立、维护、产生纠纷和争议时使用频率最高。本章主要就这三部法律中的主要内容进行分析与讲述。

第一节　《中华人民共和国劳动法》相关知识

《中华人民共和国劳动法》（以下简称《劳动法》）于 1994 年 7 月 5 日经第八届全国人民代表大会常务委员会第八次会议通过，自 1995 年 1 月 1 日起施行。后根据 2009 年 8 月 27 日第十一届全国人民代表大会常务委员会第十次会议《关于修改部分法律的决定》进行了第一次修正。又根据 2018 年 12 月 29 日第十三届全国人民代表大会常务委员会第七次会议《关于修改〈中华人民共和国劳动法〉等七部法律的决定》进行第二次修正，并于 2018 年 12 月 29 日颁布并实施。《劳动法》是我国调整劳动关系的基本法律，这部法律的实施，在保护劳动者合法权益、维护社会主义市场经济的劳动制度、促进经济发展、推动社会进步等方面都起到了举足轻重的作用。

一、《劳动法》的适用范围

《劳动法》第二条规定："在中华人民共和国境内的企业、个体经济组织（以下统称用人单位）和与之形成劳动关系的劳动者，适用本法。""国家机关、事业组织、社会团体和与之建立劳动合同关系的劳动者，依照本法执行。"依据这一规定可以明确，《劳动法》可以调整的劳动关系有两种：一是企业、个体经济组织与劳动者建立的劳动关系；二是国家机关、事业组织、社会团体与劳动者建立的劳动关系。没有通过订立劳动合同而是通过其他形式订立的劳动关系，不在《劳动法》的调整范围。例如，公务员的劳动关系，适用《公务员法》调整。

二、劳动者的权利

根据《劳动法》第三条第一款的规定，劳动者主要享有如下权利：

（1）平等就业和选择职业的权利；

（2）取得劳动报酬的权利；

（3）休息、休假的权利；

（4）获得劳动安全卫生保护的权利；

（5）接受职业技能培训的权利；

（6）享受社会保险和福利的权利；

（7）提请劳动争议处理的权利。

三、劳动者的义务

根据《劳动法》第三条第二款的规定，劳动者主要负有如下义务：

（1）完成劳动任务的义务；

（2）提高职业技能的义务；

（3）执行劳动安全卫生规程的义务；

（4）遵守劳动纪律和职业道德的义务。

四、促进就业制度

在社会主义市场经济体制下，市场对劳动力的开发和配置起着决定性的作用。因而，国家组织劳动就业和劳动者实现就业的主要方式为通过劳动力市场就业。《劳动法》第二章明确规定，国家增加和扩大就业的措施和主要途径包括：

1.“国家通过促进经济和社会发展，创造就业条件，扩大就业机会。”（《劳动法》第十条第一款）

2.“国家鼓励企业、事业组织、社会团体在法律、行政法规规定的范围内兴办产业或者拓展经营，增加就业。”（《劳动法》第十条第二款）

由此可以明确，国家鼓励兴办产业、拓展经营，以此来增加和扩大就业。

3.“国家支持劳动者自愿组织起来就业和从事个体经营实现就业。”（《劳动法》第十条第三款）

在我国现阶段，国有企业接纳的劳动力数量和规模是极其有限的。支持劳动者自愿组织就业和从事个体经营就业是国家解决就业问题的两条重要途径。

4.“地方各级人民政府应当采取措施，发展多种类型的职业介绍机构，提供就业服务。”（《劳动法》第十一条）

职业介绍是运用市场机制调节劳动力供求，为劳动者求职和用人单位招聘用人提供中介服务的活动。职业介绍作为劳动力市场的主要载体之一，承担着培育和发展劳动力市场的重要职责。通过职业介绍，可以有效调节劳动力市场供求关系，促进劳动力资源的合理配置，使劳动者和生产资料实现有机结合，促进劳动力的供需平衡。职业介绍机构作为劳动力市场的中介机构，是劳动部门从用行政手段配置劳动力资源转向市场服务的重要标志。

五、平等就业制度

《中华人民共和国宪法》第四十二条规定：“中华人民共和国公民有劳动的权利和义务，国家通过各种途径，创造劳动就业条件，加强劳动保护，改善劳动条件，并在发展生产的基础上，提高劳动报酬和福利待遇。”为实现公民享有劳动权利，《劳动法》在第三条第一款的基础上规定：“劳动者就业，不因民族、种族、性别、宗教、信仰不同而受歧视。”此外，《劳动法》第十三条规定：“妇女享有与男子平等的就业权利。在录用职工时，除国家规定的不适合妇女的工种或者岗位外，不得以性别为由拒绝录用妇女或者提高对妇女的录用标准。”第十四条、第十五条也对残疾人、少数民族人员、退出现役的军人就业和未成年人招用做了专门的保护性规定。

六、工作时间、休息休假

1. 工作时间

经 1994 年 1 月 24 日国务院第 15 次常务会议通过，国务院于 1994 年 2 月 3 日发布了《国务院关于职工工作时间的规定》。该规定于 1994 年 3 月 1 日起施行，后根据 1995 年 3 月 25 日《国务院关于修改 < 国务院关于职工工作时间的规定 > 的决定》修订。

依据《国务院关于职工工作时间的规定》，我国实行职工每日工作 8 小时、平均每周工作 40 小时的工时制度，每周工作 5 天。用人单位不得任意缩短或延长劳动者的工作时间。在特殊情况下，允许缩短或延长工作日，但须具备一定条件并履行相应程序，且应依据《劳动法》第四十四条规定：“有下列情形之一的，用人单位应当按照下列标准支付高于劳动者正常工作时间工资的工资报酬：①安排劳动者延长时间的，支付不低于工资的百分之一百五十的工资报酬；②休息日安排劳动者工作又不能安排补休的，支付不低于工资的百分之二百的工资报酬；③法定休假日安排劳动者工作的，支付不低于工资的百分之三百的工资报酬。”

如果企业因生产特点不能实行规定的劳动时间的，可以实行不定时工作制或者综合计算工时工作制等工作制。1995 年 1 月 1 日起施行的《关于企业实行不定时工作制和综合计算工时工作制的审批办法》对这种工作制的适用范围和条件做出了相应的规定。

2. 休息休假

劳动者的休息休假指的是劳动者在工作时间以外，依照法律法规规定，不从事生产和工作，由个人支配的时间。

劳动者休息休假包括每天休息时间、每周休息天数、节日休息、工作间隙休息、探亲假休息和年休假等。

我国的休息休假分类如下：

（1）工作日内的间歇时间。在工作日内劳动者必要的休息和用餐时间，一般为 1 小时，不得少于半小时。实行轮班制的单位，应调换班次，不得使劳动者连续工作两班。

（2）公休假日。依据《国务院关于职工工作时间的规定》，实行每周 5 天工作制，周六和周日为公休假日。

（3）法定节假日。依据《劳动法》第四十条规定，我国的法定节假日为元旦、春节、国际劳动节、国庆节以及法律法规规定的其他法定休假节日。

（4）职工探亲假。依据1981年3月14日施行的《国务院关于职工探亲待遇的规定》，与父母、配偶分居两地的职工，每年在一定时间内可以回家团聚的假期。

（5）年休假。《劳动法》第四十五条规定了带薪年休假制度，劳动者连续工作满一年以上，享受带薪年休假。国务院颁布并于2008年1月1日起施行的《职工带薪年休假条例》对职工带薪年休假做出了具体的规定。

第二节　《中华人民共和国劳动合同法》

一、劳动合同的概念

劳动合同是劳动者与用人单位确立劳动关系，明确双方权利义务的协议。

劳动合同按照不同的标准有不同的分类，常见的分类包括以下两类：①按照劳动合同期限的长短分类。劳动合同按照合同期限的长短可分为有固定期限的劳动合同、无固定期限的劳动合同和以完成一定工作为期限的劳动合同；②按照劳动者一方人数分类。劳动合同按照劳动者一方人数不同，可划分为个人劳动合同和集体劳动合同两种。

劳动合同是不同于《中华人民共和国合同法》（以下简称《合同法》）规定的合同的特殊契约。从这个意义上讲，劳动关系不适用《合同法》。

《中华人民共和国劳动合同法》（以下简称《劳动合同法》）由2007年6月29日第十届全国人民代表大会常务委员会第二十八次会议通过，自2008年1月1日起实施。后根据2012年12月28日《全国人民代表大会常务委员会关于修改〈中华人民共和国劳动合同法〉的决定》修订。该法适用于中华人民共和国境内的企业、个体经济组织、民办非企业单位等组织与劳动者建立劳动关系，订立、履行、变更、解除或终止劳动合同。此外，国家机关、事业单位、社会团体等和与其建立劳动关系的劳动者之间订立、履行、变更、解除或终止劳动合同，依照该法执行。在司法实践中，对于《劳动合同法》没有规定的问题，一般可以适用《合同法》的规定。例如，关于合同是否成立涉及的要约和承诺的规定等。

二、劳动合同的内容

劳动合同的内容有法定内容和约定内容两个部分。

1. 劳动合同的法定内容指的是《劳动法》规定的劳动合同应当具备的条款

根据《劳动合同法》第十七条的规定，劳动合同应当具备以下条款：

（1）用人单位的名称、住所和法定代表人或者主要负责人；

（2）劳动者的姓名、住址和居民身份证或者其他有效身份证件号码；

（3）劳动合同期限；

（4）工作内容和工作地点；

（5）工作时间和休息休假；

（6）劳动报酬；

（7）社会保险；

（8）劳动保护、劳动条件和职业危害防护；

（9）法律、法规规定应当纳入劳动合同的其他事项。

2. 约定内容指的是劳动合同当事人双方通过协商确定的合同条款

在劳动合同中，除法定条款外的其他条款均属于约定条款，主要包括试用期、培训、保密、补充保险和福利等其他事项。约定条款不得违反相关劳动法律法规的规定，否则将判定合同条款无效。例如，约定工伤事故由劳动者自行承担全部责任的；约定劳动者必须交纳“风险抵押金”等其他抵押性质物品的；约定劳动者在劳动合同期限内不得结婚或者生育的，均属于无效条款。

但是，《劳动法》规定的劳动合同法定内容仍属于指导性条款，不能因为劳动合同缺少部分法定内容就认定无效。在实际操作中，劳动合同中的很多内容都具有相应的强制性规定的限制，当事人只能在规定的范围和条件下做出相对性的选择。

三、劳动合同的形式

《劳动合同法》第十条规定：“建立劳动关系，应当订立书面劳动合同。已建立劳动关系，未同时订立书面劳动合同的，应当自用工之日起一个月内订立书面劳动合同。”《中华人民共和国劳动合同法实施条例》第六条规定：“用人单位自用工之日起超过一个月不满一年未与劳动者订立书面劳动合同的，应当依照劳动合同法第八十二条的规定向劳动者每月支付两倍的工资，并与劳动者补订书面劳动合同”。“用人单位自用工之日起满一年未与劳动者订立书面劳动合同的，自用工之日起满一个月的次日至满一年的前一日应当依照劳动合同法第八十二条的规定向劳动者每月支付两倍的工资，并视为自用工之日起满一年的当日已经与劳动者订立无固定期限劳动合同，应当立即与劳动者补订书面劳动合同。”（《中华人民共和国劳动合同法实施条例》第七条）。

劳动合同是明确当事人权利义务关系的重要法律文件，关系着劳动者和用人单位双方的切身利益，应当严肃认真地对待。书面劳动合同在体现了严肃认真的态度的同时，也有利于劳动监察管理机关的监督。

必须强调的是，如果用人单位没有与劳动者签订书面合同，但劳动者实际上已经在用人单位工作了，不能因为没有书面合同而认为不存在劳动关系。针对一些中小企业违反劳动法规，不与劳动者签订劳动合同，恶意侵犯劳动者合法权益的行为，劳动监察管理机关将在发生劳动合同纠纷时，侧重保护劳动者一方的合法权益不受侵害。

四、劳动合同涉及的期限

1. 劳动合同的期限

劳动合同的期限分为三种，即固定期限劳动合同、无固定期限劳动合同和以完成一定工作任务为期限的劳动合同。

固定期限的劳动合同指的是用人单位与劳动者约定合同终止时间的劳动合同。

无固定期限的劳动合同指的是用人单位与劳动者约定无确定终止时间的劳动合同。《劳动合同法》第十四条规定："用人单位与劳动者协商一致，可以订立无固定期限劳动合同。有下列情形之一，劳动者提出或者同意续订、订立劳动合同的，除劳动者提出订立固定期限劳动合同外，应当订立无固定期限劳动合同：

（1）劳动者在该用人单位连续工作满十年的；

（2）用人单位初次实行劳动合同制度或者国有企业改制重新订立劳动合同时，劳动者在该用人单位连续工作满十年且距法定退休年龄不足十年的；

（3）连续订立二次固定期限劳动合同，且劳动者没有本法第三十九条和第四十条第一项、第二项规定的情形，续订劳动合同的。用人单位自用工之日起满一年不与劳动者订立书面劳动合同的，视为用人单位与劳动者已订立无固定期限劳动合同。"

此外，《劳动合同法》第八十二条规定："用人单位违反本法规定不与劳动者订立无固定期限劳动合同的，自应当订立无固定期限劳动合同之日起向劳动者每月支付二倍的工资。"

以完成一定工作任务为期限的劳动合同指的是用人单位与劳动者约定以某项工作的完成为合同期限的劳动合同。

2. 试用期

用人单位与劳动者可以约定试用期，但关于试用期的约定不能违反以下规定：

（1）《劳动合同法》第十九条第一款规定："劳动合同期限三个月以上不满一年的，试用期不得超过一个月；劳动合同期限一年以上不满三年的，试用期不得超过二个月；三年以上固定期限和无固定期限的劳动合同，试用期不得超过六个月。”《劳动合同法》第十九条第三款规定：“以完成一定工作任务为期限的劳动合同或者劳动合同期限不满三个月的，不得约定试用期”。

（2）《劳动合同法》第十九条第二款规定：“同一用人单位与同一劳动者只能约定一次试用期。”《劳动合同法》第七十条规定：“非全日制用工双方当事人不得约定试用期。”

（3）《劳动合同法》第二十条规定：“劳动者在试用期的工资不得低于本单位相同岗位最低档工资或者劳动合同约定工资的百分之八十，并不得低于用人单位所在地的最低工资标准。”

（4）《劳动合同法》第十九条第四款规定：“试用期包含在劳动合同期限内。劳动合同仅约定试用期的，试用期不成立，该期限为劳动合同期限。”

（5）《劳动合同法》第二十一条、第三十七条规定：在试用期中，除法定情形外，用人单位不得解除劳动合同。用人单位在试用期解除劳动合同的，应当向劳动者说明理由。劳动者在试用期内提前三日通知用人单位，可以解除劳动合同。

（6）《劳动合同法》第八十三条规定：“用人单位违反本法规定与劳动者约定试用期的，由劳动行政部门责令改正；违法约定的试用期已经履行的，由用人单位以劳动者试用期满月工资为标准，按已经履行的超过法定试用期的期间向劳动者支付赔偿金。”

3. 服务期

服务期指的是劳动者和用人单位约定的，由用人单位给予劳动者一定的特殊待遇，劳动者向用人单位提供特定劳动的期限。劳动者违反服务期约定的，应当按照约定向用人单位支付违约金。约定服务期的必须满足以下几个条件：

（1）双方存在劳动合同关系；

（2）用人单位为劳动者提供专项培训费用，对其进行专业技术培训；

（3）双方协商一致。

服务期与劳动合同期限之间的关系是理解服务期的关键。如果两者相同，或劳动合同期限长于服务期，则两者的法律效力是独立的；如果劳动合同期限短于服务期，则在劳动合同到期时，双方应当续签劳动合同。若用人单位拒绝续签劳动合同，应视为放弃服务期，若劳动者拒绝续签劳动合同，应当视为违反服务期约定。

五、无效劳动合同

无效劳动合同指的是劳动合同虽然经过当事人双方协商订立，但订立的劳动合同违反相关法律法规的规定，因此不具有法律效力。无效劳动合同根据劳动合同条款无效的程度和范围，分为全部无效和部分无效两种类型。《劳动合同法》第二十六条规定："下列劳动合同无效或者部分无效：

（1）以欺诈、胁迫的手段或者乘人之危，使对方在违背真实意思的情况下订立或者变更劳动合同的；

（2）用人单位免除自己的法定责任、排除劳动者权利的；

（3）违反法律、行政法规强制性规定的。

对劳动合同的无效或者部分无效有争议的，由劳动争议仲裁机构或者人民法院确认。"

《劳动合同法》第二十七条规定："劳动合同部分无效，不影响其他部分效力的，其他部分仍然有效。"

《劳动合同法》第二十八条规定："劳动合同被确认无效，劳动者已付出劳动的，用人单位应当向劳动者支付劳动报酬。劳动报酬的数额，参照本单位相同或者相近岗位劳动者的劳动报酬确定。"可见，《劳动合同法》对处理无效劳动合同做出的法律规范侧重于保护劳动者的合法权益。

六、解除劳动合同

解除劳动合同指的是当事人双方或者单方提前终止劳动合同效力的法律行为。

1. 解除劳动合同的条件

在解除劳动合同时，双方当事人主要存在以下几种情况：

（1）双方协商一致。《劳动合同法》第三十六条规定："用人单位与劳动者协商一致，可以解除劳动合同。"

（2）劳动者一方提前告知解除劳动合同。《劳动合同法》第三十七条规定："劳动者提前三十日以书面形式通知用人单位，可以解除劳动合同。劳动者在试用期内提前三日通知用人单位，可以解除劳动合同。"

（3）劳动者一方即时解除劳动合同。《劳动合同法》第三十八条规定："用人单位有下列情形之一的，劳动者可以解除劳动合同：①未按照劳动合同约定提供劳动保护或者劳动条件的；②未及时足额支付劳动报酬的；③未依法为劳动者缴纳社会保险费的；④用人单位的规章制度违反法律、法规的规定，损害劳动者权益的；⑤因本法第二十六条第一款规定的情形致使劳动合同无效的；⑥法律、行政法规规定劳动者可以解除劳动合同的其他情形。

用人单位以暴力、威胁或者非法限制人身自由的手段强迫劳动者劳动的，或者用人单位违章指挥、强令冒险作业危及劳动者人身安全的，劳动者可以立即解除劳动合同，不需事先告知用人单位。”

（4）用人单位一方即时解除劳动合同。《劳动合同法》第三十九条规定：“劳动者有下列情形之一的，用人单位可以解除劳动合同：①在试用期间被证明不符合录用条件的；②严重违反用人单位的规章制度的；③严重失职，营私舞弊，给用人单位造成重大损害的；④劳动者同时与其他用人单位建立劳动关系，对完成本单位的工作任务造成严重影响，或者经用人单位提出，拒不改正的；⑤因本法第二十六条第一款第一项规定的情形致使劳动合同无效的；⑥被依法追究刑事责任的。”

（5）用人单位预告解除劳动合同。《劳动合同法》第四十条规定：“有下列情形之一的，用人单位提前三十日以书面形式通知劳动者本人或者额外支付劳动者一个月工资后，可以解除劳动合同：①劳动者患病或者非因工负伤，在规定的医疗期满后不能从事原工作，也不能从事由用人单位另行安排的工作的；②劳动者不能胜任工作，经过培训或者调整工作岗位，仍不能胜任工作的；③劳动合同订立时所依据的客观情况发生重大变化，致使劳动合同无法履行，经用人单位与劳动者协商，未能就变更劳动合同内容达成协议的。”

（6）经济性裁员而解除劳动合同。《劳动合同法》第四十一条第一款规定：“有下列情形之一，需要裁减人员二十人以上或者裁减不足二十人但占企业职工总数百分之十以上的，用人单位提前三十日向工会或者全体职工说明情况，听取工会或者职工的意见后，裁减人员方案经向劳动行政部门报告，可以裁减人员：①依照企业破产法规定进行重整的；②生产经营发生严重困难的；③企业转产、重大技术革新或者经营方式调整，经变更劳动合同后，仍需裁减人员的；④其他因劳动合同订立时所依据的客观经济情况发生重大变化，致使劳动合同无法履行的。”

2. 解除劳动合同的限制

《劳动合同法》第四十二条规定：“劳动者有下列情形之一的，用人单位不得依照本法第四十条、第四十一条的规定解除劳动合同：

（1）从事接触职业病危害作业的劳动者未进行离岗前职业健康检查，或者疑似职业病病人在诊断或者医学观察期间的；

（2）在本单位患职业病或者因工负伤并被确认丧失或者部分丧失劳动能力的；

（3）患病或者非因工负伤，在规定的医疗期内的；

（4）女职工在孕期、产期、哺乳期的；

（5）在本单位连续工作满十五年，且距法定退休年龄不足五年的；

（6）法律、行政法规规定的其他情形。

3. 经济补偿

（1）用人单位应当向劳动者支付经济补偿的情形。根据《劳动合同法》第四十六条规定，有下列情形之一的，用人单位应当向劳动者支付经济补偿：①劳动者依照本法第三十八条规定解除劳动合同，即劳动者即时解除劳动合同的；②用人单位依照《劳动合同法》第三十六条规定向劳动者提出解除劳动合同并与劳动者协商一致解除劳动合同的；③用人单位依照《劳动合同法》第四十条规定解除劳动合同，即用人单位预告解除劳动合同的；④用人单位依照《劳动合同法》第四十一条第一款规定（即经济性裁员）解除劳动合同的；⑤除用人单位维持或者提高劳动合同约定条件续订劳动合同，劳动者不同意续订的情形外，因劳动合同期满而终止固定期限劳动合同的；⑥因用人单位被依法宣告破产、解散而终止劳动合同的；⑦法律、行政法规规定的其他情形。”

值得注意的是，在劳动者主动提出解除劳动合同的情况下，用人单位可以不予经济赔偿。

（2）用人单位向劳动者支付经济补偿的标准。用人单位向劳动者支付经济补偿的标准分为基本标准和最高标准。基本标准是根据《劳动合同法》第四十七条第一款规定，按照劳动者在本单位工作的年限，每满 1 年支付 1 个月工资的标准向劳动者支付。六个月以上不满 1 年的，按 1 年计算；不满 6 个月的，向劳动者支付半个月工资的经济补偿。这里的月工资，指的是劳动者在劳动合同解除或终止前 12 个月的平均工资。根据国家统计局《关于工资总额组成的规定》第四条的规定，计时工资、计件工资、奖金、津贴和补贴、加班加点工资和特殊情况下支付的工资均计入工资范围。最高标准是根据《劳动合同法》第四十七条第二款规定，劳动者月工资高于用人单位所在直辖市、设区的市级人民政府公布的本地区上年度职工月平均工资 3 倍的，向其支付经济补偿的标准按职工月平均工资 3 倍的数额支付，向其支付经济补偿的年限最高不超过 12 年。

（3）惩罚性赔偿。根据《劳动合同法》第四十八条规定，用人单位违反《劳动合同法》规定解除或者终止劳动合同，劳动者要求继续履行劳动合同的，用人单位应当继续履行；劳动者不要求继续履行劳动合同或者劳动合同已经不能继续履行的，用人单位应当依照经济补偿标准的二倍向劳动者支付赔偿金。

七、劳务派遣

劳务派遣是非典型用工的重要形式，指的是劳务派遣单位与劳动者签订劳动合同，再通过与用工单位签订的劳务派遣协议，将劳动者派往用工单位工作的用工方式。《劳动合同法》在第五章第二节对这种用工方式做出了明确的规定。

1. 派遣单位应当履行的义务

作为用人单位，派遣单位应当履行如下义务：

（1）与劳动者签订不低于两年的固定期限劳动合同或者无固定期限的劳动合同；

（2）与用工单位签订劳务派遣协议；

（3）将劳务派遣协议的内容告知被派遣劳动者；

（4）向被派遣者支付工资。

2. 用工单位应当履行的法定义务

用工单位与劳动者存在事实劳动关系，应当履行以下法定义务：

（1）执行国家劳动标准，提供相应的劳动条件和劳动保护；

（2）告知被派遣劳动者工作要求和劳动报酬；

（3）支付加班费、绩效奖金，提供与工作岗位相关的福利待遇；

（4）对在岗被派遣劳动者进行工作岗位所必需的培训；

（5）连续用工的，实行正常的工资调整机制。

3. 劳务派遣的适用范围和要求

为避免部分用人单位滥用劳务派遣、企图逃避法定义务的状况，《劳动合同法》第六十六条规定：“劳动合同用工是我国的企业基本用工形式。劳务派遣用工是补充形式，只能在临时性、辅助性或者替代性的工作岗位上实施。前款规定的临时性工作岗位是指存续时间不超过六个月的岗位；辅助性工作岗位是指为主营业务岗位提供服务的非主营业务岗位；替代性工作岗位是指用工单位的劳动者因脱产学习、休假等原因无法工作的一定期间内，可以由其他劳动者替代工作的岗位。用工单位应当严格控制劳务派遣用工数量，不得超过其用工总量的一定比例，具体比例由国务院劳动行政部门规定。”

此外，《劳动合同法》第六十七条规定；“用人单位不得设立劳务派遣单位向本单位或者所属单位派遣劳动者。”如果劳务派遣单位违反规定，给被派遣劳动者造成损害的，劳务派遣单位与用工单位承担连带赔偿责任。

第三节　《中华人民共和国社会保险法》

《中华人民共和国社会保险法》（以下简称《社会保险法》）是中国特色社会主义法律体系中起支架作用的重要法律，是一部着力保障和改善民生的法律。它的颁布实施，是中国人力资源社会保障法制建设中的又一个里程碑，对于建立覆盖城乡居民的社会保障体系，更好地维护公民参加社会保险和享受社会保险待遇的合法权益，使公民共享发展成果，促进社会主义和谐社会建设，具有十分重要的意义。虽然我国社会保险工作由来已久，但这部法律直至2010年10月28日第十一届全国人民代表大会常务委员会第十七次会议才通过，至今仅十年时间。本节简要介绍关于社会保险制度最常见的十个方面，希望对读者了解社会保险有所帮助。

1. 社会保险的概念

社会保险，是指国家通过立法，规定用人单位和个人缴纳社会保险费建立社会保险基金，用以保障公民在年老、疾病、工伤、失业、生育等情况下依法从国家获得物质帮助的一种社会保障制度。

2. 社会保险制度的特点

社会保险制度具有以下特点：一是保障性。社会保险制度是公民在年老、疾病、工伤、失业、生育等情况下基本生活的保障；二是法定性。国家通过立法，确立在全社会实施社会保险制度，使用人单位和个人依法参加缴纳社会保险费，个人依法享受社会保险待遇；三是互济性。社会保险按照社会共担风险原则进行组织，社会保险费由国家、用人单位和个人三方共同负担。建立社会保险基金，通过发挥社会保险基金统筹调剂作用，分散用人单位和个人风险；四是福利性。社会保险不以营利为目的，国家通过多种渠道筹集社会保险资金，并以税收优惠政策支持社会保险事业；五是广泛性。社会保险制度覆盖所有职工和城乡广大居民。

3. 社会保险的方针

社会保险的方针是：广覆盖、保基本、多层次、可持续。“广覆盖”，是指不断扩大社会保险的覆盖面，将职工、灵活就业人员和其他城乡居民纳入社会保险的覆盖范围。“保基本”，是指社会保险的筹资和保障水平定位在保障参保人员的基本生活，使其在年老、疾病、工伤、失业、生育等情况下得到必要的物质帮助。“多层次”，是指社会保险制度的结构有基本社会保险、补充性社会保险和个人储蓄性保险。基本社会保险由国家强制实施，其待遇水平以满足参保人员基本需求为标准；补充性社会保险是由用人单位根据自身经济实力，在国家规定的政策和条件下为本企业职工建立的辅助性保险；个人储蓄性保险由职工自愿参加。“可持续”，是指通过加强和完善社会保险的各项制度，实现社会保险的可持续发展。

4. 职工基本养老保险的覆盖范围

职工基本养老保险是针对城镇所有用人单位和职工，以强制参保为原则的一项基本养老保险制度。

《社会保险法》规定，职工应当参加基本养老保险，由用人单位和职工共同缴纳基本养老保险费。无雇工的个体工商户、未在用人单位参加基本养老保险的非全日制从业人员以及其他灵活就业人员可以参加基本养老保险，由个人缴纳基本养老保险费。公务员和参照《中华人民共和国公务员法》管理的工作人员养老保险的办法由国务院规定。

5. 职工基本养老保险基金的筹集

基本养老保险基金由用人单位和个人共同缴费以及政府补贴组成。

用人单位按照国家规定的本单位职工工资总额的一定比例缴纳基本养老保险费用。用人单位缴纳的职工基本养老保险费用，记入基本养老保险统筹基金。目前，用人单位缴纳基本养老保险费用占本单位职工工资总额的比例一般不超过的 20% 。

职工按照国家规定的本人工资总额的一定比例缴纳基本养老保险费用。个人缴纳的职工基本养老保险费用，记入基本养老保险个人账户。目前，个人缴纳的基本养老保险费用占职工工资总额的比例为 8%，且由用人单位代扣代缴。

无雇工的个体工商户、未在用人单位参加基本养老保险的非全日制从业人员以及其他灵活就业人员可以根据个人意愿决定是否参加基本养老保险。若上述人员参加基本养老保险，应当按照国家规定缴纳基本养老保险费用。这类人员缴纳的基本养老保险费用分别记入基本养老保险统筹基金和个人账户。

6. 基本养老保险参保人享受的待遇

基本养老金由统筹养老金和个人账户养老金组成。基本养老金根据个人累计缴费年限、缴费工资、当地职工平均工资、个人账户金额、城镇人口平均预期寿命等因素确定（参见《社会保险法》第十五条）。

基本养老金各个账户的计发规则具体包括：统筹养老金月发放标准以当地上年度在职职工月平均工资和本人指数化月平均缴费工资的平均值为基数，缴费每满 1 年发给 1%；个人账户养老金月发放标准为个人账户储存金额除以计发月数，计发月数根据职工退休时城镇人口平均预期寿命、本人退休年龄、利息等因素确定。

同时，《社会保险法》第十七条规定：“参加基本养老保险的个人，因病或者非因工死亡的，其遗属可以领取丧葬补助金和抚恤金；在未达到法定退休年龄时因病或者非因工致残完全丧失劳动能力的，可以领取病残津贴。所需资金从基本养老保险基金中支付。”

7. 领取基本养老金待遇的条件

《社会保险法》第十六条对参加基本养老保险的个人领取基本养老金的条件做出如下规定：一是达到法定退休年龄；二是累计缴费满 15 年。

我国对职工的法定退休年龄规定如下：

（1）党政机关、群众团体、企业、事业单位的干部，男性年满 60 周岁、女性年满 55 周岁，参加工作年限满 10 年的，可以退休；经过医院证明完全丧失工作能力，男性年满 50 周岁、女性年满 45 周岁，参加工作年限满 10 年的，可以退休。

（2）企业、事业单位和党政机关、群众团体的工人，男性年满 60 周岁、女性年满 50 周岁，连续工龄满 10 年，可以退休；从事井下、高空、高温、特别繁重体力劳动或者其他有害身体健康的工作，男性年满 55 周岁、女性年满 45 周岁，连续工龄满 10 年的，可以退休。因病或非因工致残，由医院证明并经劳动鉴定委员会确认完全丧失劳动能力的，男性年满 50 周岁，女性年满 45 周岁，连续工龄满 10 年，可以退休。

《社会保险法》第十六条规定："参加基本养老保险的个人，达到法定退休年龄时累计缴费不足十五年的，可以缴费至满十五年，按月领取基本养老金；也可以转入新型农村社会养老保险或者城镇居民社会养老保险，按照国务院规定享受相应的养老保险待遇。"

8. 关于跨省流动就业的基本养老保险参保人员缴费年限的规定

跨省流动就业的基本养老保险参保人员基本养老保险关系随本人转移，且其基本养老保险的缴费年限累计计算。参保人员到达法定退休年龄时，其基本养老金分段计算、统一支付。具体办法由国务院规定（参见《社会保险法》第十九条）。例如，某人在北京工作 5 年后，到上海工作 4 年，又到广东工作 10 年，在这种情况下，基本养老保险关系随本人由北京转到上海再转到广东，他在各个工作地区的基本养老保险费年限累计为 19 年，在其达到退休年龄时，基本养老金分段计算，统一支付。

2010 年 1 月 1 日起施行的《城镇企业职工基本养老保险关系转移接续暂行办法》适用于参加城镇企业职工基本养老保险的所有人员，包括农民工。已经按国家规定领取基本养老保险待遇的人员，不再转移基本养老保险关系。

9. 关于跨省流动就业的基本养老保险参保人员基本养老保险关系转移接续的规定

跨省流动就业的基本养老保险参保人员基本养老保险关系转移接续按以下规定办理（参见《城镇企业职工基本养老保险关系转移接续暂行办法》第八条）：

（1）参保人员返回户籍所在地（指省、自治区、直辖市）就业参保的，户籍所在地的相关社保经办机构应为其及时办理转移接续手续。

（2）参保人员未返回户籍所在地就业参保的，由新参保地的社保经办机构为其及时办理转移接续手续。但对男性年满 50 周岁和女性年满 40 周岁的，应在原参保地继续保留基本养老保险关系，同时在新参保地建立临时基本养老保险缴费账户，记录单位和个人全部缴费。参保人员再次跨省流动就业或在新参保地达到待遇领取条件时，将临时基本养老保险缴费账户中的全部缴费本息，转移归集到原参保地或待遇领取地。

（3）参保人员经县级以上党委组织部门、人力资源社会保障行政部门批准调动，且与调入单位建立劳动关系并缴纳基本养老保险费的，不受以上年龄规定限制，应在调入地及时办理基本养老保险关系转移手续。

10. 关于跨省流动就业的基本养老保险参保人员待遇领取地的规定

跨省流动的基本养老保险就业参保人员达到待遇领取条件时，按下列规定确定其待遇领取地（参见《城镇企业职工基本养老保险关系转移接续暂行办法》第六条）：

（1）基本养老保险关系在户籍所在地的，由户籍所在地负责办理待遇领取手续，享受基本养老保险待遇。

（2）基本养老保险关系不在户籍所在地，而在其基本养老保险关系所在地累计缴费年限满 10 年的，在该地办理待遇领取手续，享受当地基本养老保险待遇。

（3）基本养老保险关系不在户籍所在地，且在其基本养老保险关系所在地累计缴费年限不满 10 年的，将其基本养老保险关系转回上一个缴费年限满 10 年的原参保地办理待遇领取手续，享受基本养老保险待遇。

（4）基本养老保险关系不在户籍所在地，且在每个参保地的累计缴费年限均不满 10 年的，将其基本养老保险关系及相应资金归集到户籍所在地，由户籍所在地按规定办理待遇领取手续，享受基本养老保险待遇。

基本养老保险参保人员转移接续基本养老保险关系后，符合待遇领取条件的，以本人各年度缴费工资、缴费年限和待遇领取地对应的各年度在岗职工平均工资计算其基本养老金。

第六章　实用劳动知识

本章目标：

了解个人简历的制作方式

了解劳动合同范本

了解劳动保障的范畴

理解劳动保护

第一节　个人简历的编写、制作与投放

个人简历，又称履历表，是求职材料中最为重要的部分，一般紧跟在求职信的后面，是求职者全面素质和能力体现的缩影。简历同时也是对求职者能力、经历、技能等的简要总结。它的主要任务就是争取让对方和求职者联系，唯一的目的就是争取到面试的机会。一份简历，好比是产品的广告和说明书，既要在短短几页纸中把求职者的形象和其他竞争者区分开来，又要切实把求职者的价值令人信服地表现出来。一份简历无疑是新的敲门砖。

一、个人简历的编写、制作

写简历之前，必须要知道好简历是怎么写出来的，否则是很难有面试机会的，入职更是遥远，因为简历是你求职的第一关。那么，什么样的简历才是好简历呢？请看下面两个例子（如图 6－1、6－2 所示）。

上面这两份简历，不管是内容上还是模板设计上都达到了流畅阅读简历内容的目的，提高了人事主管的工作效率。其实，好的简历都是要遵循一定的原则的，只要你把握了这些原则，都可以写出好简历。那么，好简历制作的原则都有哪些呢？

1. 简洁的排版

很多人认为，简历的排版设计应该是花花绿绿的、有设计感的，这样能够引起人事主管的注意，然后让自己的简历被人事主管挑选出来，但是事实并不是这样的，花

花绿绿的简历样式只会影响人事主管阅读简历内容，降低工作效率，很多人事主管是更喜欢简洁简历的。我们来看如图 6－3 的两份简历：

例一：

COLUMBIA UNIVERSITY
IN THE CITY OF NEW YORK

[redacted]ey)
[redacted]l.vip
[redacted]路1号

教育经历

哥伦比亚大学 2017年9月 - 2019年5月
金融经济学 硕士 纽约

- GPA：3.65（专业前10%）
- 相关课程：经济金融学、金融统计学、会计与资本市场、公司金融、投资银行业务

清华大学 2013年9月 - 2017年6月
经济学 本科 经济管理学院 北京

- GPA：3.6 ｜荣誉奖项：2015-2016 综合奖学金（专业前15%）、ResumeHack领导力奖

工作与实习经历

普华永道 2018年6月 - 2018年9月
项目助理，税务部门 北京

- 运用EMIS、公司年报、报告产业信息网等渠道查找所需数据及资料，独立完成 8 家公司转让定价报告的可比行性分析与行业分析（覆盖食品、电子商务、物流、汽车等行业）
- 运用VBA为部门更新了Excel可比公司筛选模板，为部门入职培训录制数据库使用视频教程，该模板后为全部门28人运用，所录制教程培训了20多名员工，受到了部门主管的高度评价
- 协助2个跨国集团客户管理全球业务所产生的税务和社会保障责任，制订分税政策、审阅劳务结构、进行税务申报，对频繁差旅员工制定特定的政策限度，以减低有关风险

网易 2016年9月 - 2017年6月
校园大使，金融管理学院 北京

- 统筹校内的运营推广，自主设计宣传海报进行校内线下推广，协助组织2次学生创意大赛的推广和执行，吸引超过1000名学生报名参赛
- 管理运营3个500人校内微信群，每周撰写3篇原创公众号文章（平均阅读量3000+）

社团和组织经历

商学院学生委员会 2013年1月 – 2016年6月
副主席 北京

- 一年内成功招收20+名骨干成员，主持举办了3届商学院学生拓展训练和交流活动，累计参与人数2000+，筹得20,000元人民币资金赞助
- 与长江商学院联合组织企业访谈，带领数百名外学生领袖参观了联想、百度、瑞银等多家知名企业

技能及其他

- **语言**：普通话（母语）、英语（流利）、IELTS（6.5）、法语（基础）
- **技能**：Bloomberg、Excel（熟练）、PPT（熟练，可设计模板）、HTML/CSS（可制作简单网站）
- **兴趣爱好**：小提琴（音乐学院10级）、摄影（RPS摄影协会认证）、跑步（北马完成3次）

图 6－1　简历一

例二：

[redacted]已拿到京东金融 Offer

13[redacted]

教育经历

对外经贸大学 2014年9月 - 2018年7月

经济与金融 本科

工作经历

北京汽车集团有限公司 2017年7月 - 2017年9月

暑期实习生 资本运营部

- 全程深度参与 2 个子公司投资项目的审批工作，对相关项目独立进行行业研究，对于财务数据和市场前景的可行性进行分析和评估。
- 根据调研情况撰写子公司投资项目提请总经理办公会的提案。
- 对于现有股权激励情况进行深度研究，分析超过 200 家已实行股权激励公司的发展情况。

北京朝夕光年信息技术有限公司 2016年6月 - 2016年8月

实习生 运营部

- 该公司是一家专注于制作日程管理 app 的企业，目前已拿到百万级天使轮融资，第一代产品已上线。
- 使用 Axure 制作产品原型，用于后期用户体验调研时的产品展示。
- 通过论坛等渠道寻找超过 100 名资深日历用户，分别进行邮件或者电话联系，取得用户体验反馈，并建立 CRM 系统对用户进行管理。

工作以外经历

对外经贸大学学生会 2016年9月 - 2017年6月

部长

- 建立并完善不同部门之间日常宣传合作机制
- 负责协会日常宣传推广工作

STeLA 全球科技与领导力论坛 2016年8月 - 2016年9月

中国区代表

- STeLA 论坛由哈佛、MIT 大学的学生发起 ， 每年来自世界 30 余国家的代表与相聚讨论前沿科技问题
- 小组在 3 天时间里设计并制作模型的停车自动导向系统获得最终评价第一名。
- 进行领导力课程培训，关于 "Era of IT" 进行深入探讨，并与微软、联想等公司高管进行交流

对外经贸大学艺术团舞蹈队 2015年9月 - 2016年9月

副队长

- 组织并参与两次沙龙和一次专场演出，共计超过千人观看过演出
- 进行队内感情建设，多次组织队内出游和队内联谊，参与组织校庆队友返校活动

"数字化支教推广调研" 暑期实践 2015年8月 - 2015年9月

小组组长

- 与香港知行教育基金会联系 ， 取得合作机会 ， 前往该基金会暑期项目学校调研。
- 担任小组组长，组织小组成员进行前期调研、视频制作和当地实验，帮助当地学生学习物理课程，对不同的支教模式进行对比反馈，并对当地校长、老师、家长、志愿者进行采访调研。
- 受到了当地发行量最大的报刊《阳泉日报》的专题报道。
- 经过材料审核和答辩 ， 获得 "对外经贸大学暑期实践铜奖" 和 "对外经贸大学暑期实践银屿奖支队"

其他

- **技能**： Spss，Axure，瑜伽，Office，英语，心理学，数据分析，视频制作，行业研究，信息技术
- **语言**： 英语（六级）
- **活动**： 暑期实践铜奖，社会实践优秀奖

图 6－2　简历二

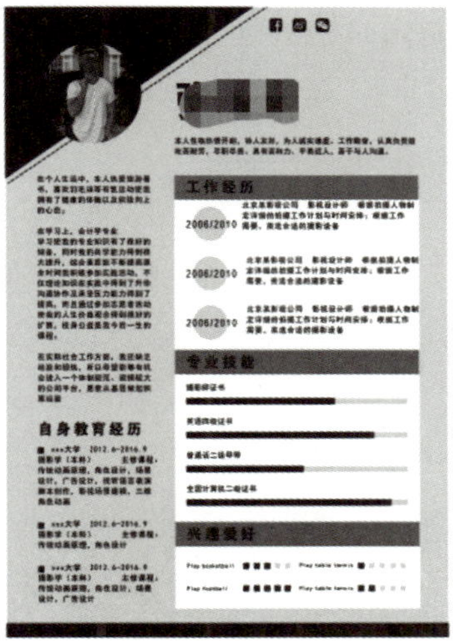

简历A

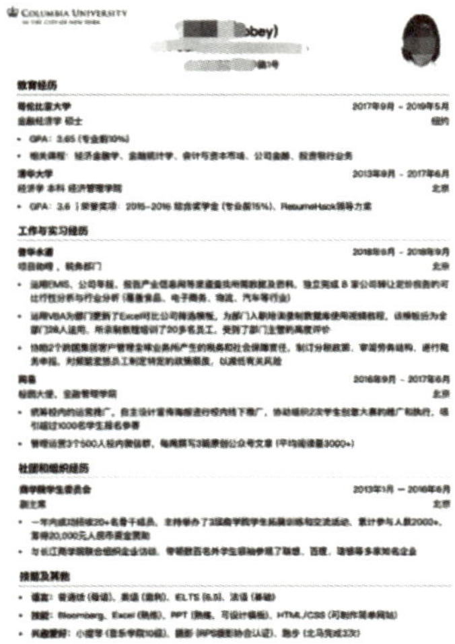

简历B

图 6－3　简历 A 和简历 B

简历 A 是有设计感的简历，简历 B 是简洁大方的简历，很明显，人事主管会更喜欢右边的简历。因为右边的简历内容可以从上至下地阅读，阅读线路清晰，符合阅读习惯，阅读起来很轻松，特别是遇到繁忙的求职季，这种简洁的模板，很受欢迎。

2. 简历内容与招聘要求匹配

公司招聘人才，当然是希望应聘者能够更快地胜任岗位，当公司遇到更符合更匹配的人才，是更乐意接受的。但是当人事主管还未面试你之前，只有通过简历对你进行判断，而应聘者就需要在简历内容中展现出这种匹配及胜任力。那么，该如何增加简历的匹配度呢？我们可以举个例子来看一下，这是一个运营助理的招聘要求（如图 6－4 所示）：

根据招聘要求，我们可以知道：对商品能进行文案描述，说明对方公司的这个岗位需要应聘者能够有一定的文字撰写能力；熟练使用 office 工具，说明这个岗位会经常使用到 office 工具，应聘者需要熟悉这些工具，还能熟练地运用；会简单的 PS，说明做这个岗位工作的时候，会用到基本的图片处理工具，平时会有处理图片的需求，应聘者要具备简单的图片处理能力；有良好的沟通能力，沟通是为了解决问题，说明对方公司需要应聘者能够与团队成员高效地沟通，有着团队协作的精神，一起解决问题。

对招聘要求进行了粗略地分析，接下来就是将简历内容与招聘要求达到匹配，在简历内容中突出对方公司需要的，这里就需要用到案例和事实去突出，因为案例和事实是最有力的突出，是在用事实说话。

运营助理

经验不限 / 大专及以上 / 全职

电商 运营 淘宝运营 网站运营

14:18 发布于拉勾网

职位诱惑：

晋升机清晰,团队氛围好,六险一金

职位描述：

岗位描述：

1. 负责平台商品上下架，对于供应商商品进行文案描述；
2. 负责根据供应商实际情况，进行活动策划，对活动力度进行把控，对活动商品进行选择；
3. 负责运营数据统计；
4. 负责部门与其他部分日常对接及报销等事物。

岗位要求：

1. 大专以上学历；
2. 熟悉使用office工具，会简单PS
3. 有良好的沟通协调能力

图 6－4　运营助理岗位的招聘要求

例如，对方要求应聘者有一定的文字撰写能力，那么应聘者就可以将过去写过的文案（案例）贴出来，和简历一起发送到人事主管的邮箱，或者直接用数据进行说明。例如，曾调整某个商品文案，使商品的浏览量增加为原来的两倍。需要应聘者会熟练使用 office，再根据招聘要求里面要进行运营数据的统计，说明公司对于 Excel 的技能是很重视的，那么应聘者就可以在简历内容中增加对 Excel 技能的描述。例如，用 Excel 软件，一天内制作两张数据分析表，会使用某某函数公式等。对方公司要求应聘者有不错的沟通能力，比起直接在简历内容中说沟通能力强，不如直接列出案例和事实，这样来得更直接干脆。例如，曾负责课程某个板块的设计，和团队成员间相互协作交流，最终在课程设计上获得了奖励。

3. 多使用和岗位相关的专业词汇

使用和岗位相关的专业词汇可以使简历内容专业度提升，简历内容的可读性强，人事主管可以快速地对候选人进行判断。例如，应聘的岗位涉及组织、计划能力，就可以在简历内容中用到预测、划分、构建、收集等专业词汇，直接提升简历的专业度，获得人事主管对简历内容的认可。图 6－5 中包含很多专业词汇，可以直接运用到简历内容中去。

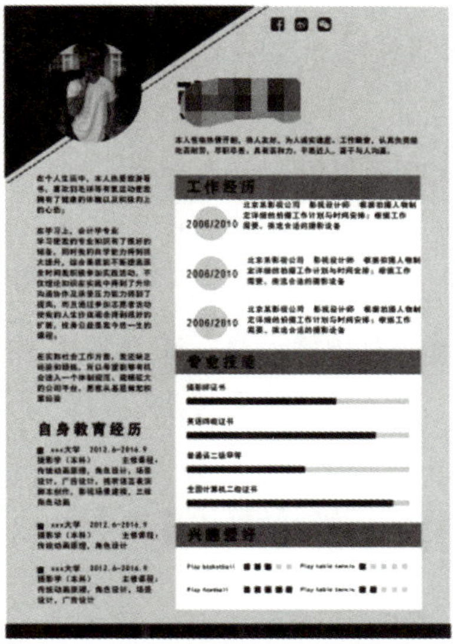

简历A

简历B

图 6－5

注：作者为超级简历 Wonder CV。

二、个人简历的投放

个人简历的投放包括常规渠道和非常规渠道。

1. 常规渠道

个人简历投放的常规渠道包括：招聘会、就业服务中心、报刊、网络、报纸招聘广告。

（1）招聘会。招聘会按规模大小分为以下两种：一种是大型综合招聘会。一般选址在大型的展览中心、体育场所。可以吸引几百家甚至千家各种行业和类型公司前来现场发布职位信息并与求职者见面。大型的招聘会一般按季度举办，比如北京秋季人才招聘大会；另一种是规模比较小的专业人才招聘会，参加的公司企业都是来自特定行业，前来的求职者也多是以该行业和职业类型为求职目标。和获取职位信息的其他方式相比，招聘会可以让相对较短的时间内与招聘公司直接见面，对公司情况和公司人员素质都有一个直接的印象。但是招聘会通常人多拥挤，无法事先知道公司待聘的职位的详情。参加招聘会要注意以下几点，以提高成功率：①早去晚归，尽可能在会场多待一些时候。招聘会场是广泛联系的好地方，这就像参加了一千多次面试；②喧闹的会场，熙熙攘攘的应聘者，对此场面要有心理准备，切忌手足无措。查看会场平面图，选择你的目标企业，圈出你要应聘的公司。但在去理想公司前，先试一下其他稍差的公司，这可以帮助你获得自信，也可以排练一下“自我推销术”；③穿职业装，打扮齐整，把简历等个人资料放在方便取放的文件夹内。不要把外套搭在胳膊上，以便腾出手来与招聘人员握手或者填写表格；④准备好在乱糟糟的环境下向别人简洁明了地推销自己，学会如何最有效地表达自己，因为招聘人员时间有限，其他求职者也在等着与招聘人员谈话，理想情况是三分钟搞定；⑤做到直截了当，引人注目，这样招聘人员才会记住你的姓名和特点，要满怀信心地面对招聘人员；⑥不要过分依靠根据朋友或家人听到的传言而热衷或歧视某个公司，要亲自与公司接触，做出客观明智的选择。

（2）学校就业服务中心。也称学生就业指导中心，是各高校毕业生求职的一个重要渠道。它的优点在于竞争对手相对少一些（各高校限制外校学生访问就业网使这一现象变得更加突出和普遍）；针对性强，与专业相关的职位信息丰富。但是也有一些缺点，主要表现在：所能应聘的职位受专业限制严重，所获取信息局限于本校资源。求职者应该充分利用学校就业服务中心的一切资源，包括就业网、中心的老师等，为自己寻找尽可能多的机会，这样才能在激烈的竞争中胜人一筹。

（3）报刊。在报纸和刊物寻找职位信息是最传统和常见的求职方式之一，对于刊登求职信息的报纸一般也分两种：一类是大众类报纸。例如，《北京青年报》《新民晚报》《南方都市报》；另一类是专门的人才类报纸。例如，《人才市场报》等。报纸招聘有一个显著的特点就是地域性比较强，每个地区的主要大众报纸一般都开辟有相关的分类广告版面，刊登大量的本地区招聘信息，这些职位都是针对本地报纸的读者发布。目前国内许多地方性报纸的刊登招聘广告的另一个特点是职位空缺趋向于中小公司中技术成分不高、工作难度不大的工作。而影响力比较大的大报和全国性报纸上也可以看到大公司对中高级职位的招聘信息。另外，一些行业的专业刊物也是比较好的求职渠道，尤其是对寻求专业对口的技术类职位而言。

（4）网络。随着因特网的快速普及，网络也逐渐成为求职中一个不可忽视的信息渠道。现在已经有越来越多的人把网上求职作为找工作和跳槽时的首选方式。利用网络寻求信息相对其他信息渠道来说，它的信息量大、成本低、方便快速，缺点是竞争对手多、信息反馈慢、成功率低。

（5）报纸招聘广告。报纸招聘广告的真实有效性较大，因为登广告是要花钱的，同时广告版面的大小也可以反映出对人才的需求程度。它的不足之处在于：如果单位好、职位好的话，竞争力是很大的，几百人争抢一个职位的情况常有。

2. 非常规渠道

个人简历投放的非常规渠道包括：直接联系、社会关系、曲径求职（考研等）。

（1）直接联系。通过在公司的实习期间，你的出色表现给了领导非常好的印象，那么在毕业之际，你可以直接与公司取得联系，询问他们今年的人力资源规划。

（2）社会关系网。通过社会关系打听招聘信息，通过熟人推荐，也是现在颇为流行的一种求职方法。这里的社会关系可以是家长亲友、学校的教师或导师，也可以是自己的校友。在关键时候找个“关系”帮你推荐一下，也许是最为有效的。当然，关系要靠自己去发掘，途径也应该正当，切不可不择手段。

（3）曲径求职：考研。严峻的就业压力把相当一部分学生“逼上梁山”，期望通过考研来获得理想职位的人在考研大军中占了很大的比例。

另外，求职者要采取多渠道投递简历，因为渠道多，可以让求职者的简历投放数量增加，这叫普遍撒网。同时投放的多，求职者可以将他们进行对比，从而挑选出自己认为较好的渠道，从而保证命中率。

课后训练题： 试着为自己设计制作一份个人简历，并思考如果是你求职，你会怎样投放简历？

第二节　劳动合同范本、签订与检查

一、劳动合同范本与签订

劳动合同

用人单位（甲方）：

地　　址（甲方）：

职　　工（乙方）：

使用说明

一、用人单位与职工签订劳动合同时，双方应认真阅读劳动合同。劳动合同一经依法签订即具有法律效力，双方必须严格履行

二、劳动合同必须由用人单位（甲方）的法定代表人（或者委托代理人）和职工（乙方）亲自签章，并加盖用人单位公章（或者劳动合同专用章）方为有效

三、合同参考文本中的空栏，由双方协商确定后填写清楚；不需填写的空栏，请打上“/”

四、乙方的工作内容及其类别（管理或专业技术类/工人类）应参照国家规定

的职业分类和技能标准明确约定。变更的范围及条件可在合同参考文本第三十五条中约定

五、工时制度分为标准、不定时、综合计算工时3种。如经劳动行政部门批准实行不定时、综合计算工时工作制的，应在本参考文本第三十五条中注明并约定其具体内容

六、约定职工正常工作时间的工资要具体明确，并不得低于本市当年最低工资标准；实行计件工资的，可以在本参考文本第三十五条中列明，或另签订补充协议

七、本单位工会或职工推举的代表与用人单位可依法就工资、工作时间、休息休假、劳动安全卫生、保险福利等事项集体协商，签订集体合同。职工个人与用人单位订立劳动合同的各项劳动标准，不得低于集体合同的约定

八、双方经协商一致后，对劳动合同参考文本条款的修改或未尽事宜的约定，可在参考文本第三十五条中明确，或经协商一致另行签订补充协议；另行签订的补充协议，作为劳动合同的附件，与劳动合同一并履行

九、签订劳动合同时请使用钢笔或签字笔填写，字迹必须清楚，并不得单方涂改

甲方（用人单位）：	乙方（职工）：
名称：	姓名：
法定代表人（主要负责人）：	身份证号码：
经济类型：	户籍地址：
通讯地址：	通讯地址：
联系人：　　　　电话：	联系电话：

甲乙双方根据《中华人民共和国劳动合同法》（以下简称《劳动合同法》）和国家、省市的有关规定，遵循合法、公平、平等自愿、协商一致、诚实信用原则订立本合同。

一、合同的类型和期限

第一条　本合同的类型为：

（一）有固定期限合同。期限　年，自　年　月　日至　年　月　日。

（二）无固定期限合同。自　年　月　日起。

（三）以完成一定工作任务为期限的合同。具体为：

二、试用期

第二条　本合同的试用期自　年　月　日至　年　月　日。

三、工作内容和工作地点

第三条 乙方的工作内容为：

第四条 乙方的工作地点为：

四、工作时间和休息休假

第五条 乙方所在岗位执行 工时制，具体为：

第六条 甲方严格执行国家有关休息休假的规定，具体安排为：

甲方应严格遵守国家有关加班的规定，确实由于生产经营需要，应当与乙方协商确定加班事宜。

五、劳动报酬

第七条 本合同的工资计发形式为：

（一）计时形式。乙方的月工资为： 元（其中，试用期间工资为 元）。

（二）计件形式。乙方的劳动定额为： 计件单价为：

第八条 甲方每月 日以货币形式足额支付乙方的工资。

第九条 本合同履行期间，乙方的工资调整按照甲方的工资分配制度确定。

第十条 甲方安排乙方延长工作时间或者在休息日、法定休假日工作的，应依法安排乙方补休或支付相应工资报酬。

六、社会保险

第十一条 甲方应按社会保险的有关规定为乙方参加社会保险。

第十二条 乙方患病或非因工负伤，其病假工资、疾病救济费和医疗待遇等按照国家和本省有关规定执行。

第十三条 乙方患职业病或因工负伤的工资和工伤保险待遇按国家和本省有关规定执行。

七、劳动保护、劳动条件和职业危害防护

第十四条 甲方建立健全生产工艺流程，制定操作规程、工作规范和劳动安全卫生制度及其标准。甲方对可能产生职业病危害的岗位，应当向乙方履行告知义务，并做好劳动过程中职业危害的预防工作。

第十五条 甲方为乙方提供必要的劳动条件以及安全卫生的工作环境，并依照企业生产经营特点及有关规定向乙方发放劳防用品和防暑降温用品。

第十六条 甲方应根据自身特点有计划地对乙方进行政治思想、职业道德、业务技术、劳动安全卫生及有关规章制度的教育和培训，提高乙方思想觉悟、职业道德水准和职业技能。

乙方应认真参加甲方组织的各项必要的教育培训。

八、劳动合同的履行和变更

第十七条　甲方应当按照约定向乙方提供适当的工作场所、劳动条件和工作岗位，并按时向乙方支付劳动报酬。乙方应当认真履行自己的劳动职责，并亲自完成本合同约定的工作任务。

第十八条　甲、乙双方经协商一致，可以变更本合同的内容，并以书面形式确定。

九、劳动合同的解除

第十九条　经甲、乙双方当事人协商一致，本合同可以解除。

第二十条　乙方提前三十日以书面形式通知甲方，可以解除本合同。乙方在试用期内提前三日通知甲方，可以解除本合同。

第二十一条　甲方有下列情形之一的，乙方可以解除本合同；

（一）未按照本合同约定提供劳动保护或者劳动条件的；

（二）未及时足额支付劳动报酬的；

（三）未依法为乙方缴纳社会保险费的；

（四）甲方的规章制度违反法律、法规的规定，损害乙方权益的；

（五）因《劳动合同法》第二十六条第一款规定的情形致使本合同无效的；

（六）法律、行政法规规定乙方可以解除本合同的其他情形。

甲方以暴力、威胁或者非法限制人身自由的手段强迫乙方劳动的，或者甲方违章指挥、强令冒险作业危及乙方人身安全的，乙方可以立即解除本合同，不需事先告知甲方。

第二十二条　乙方有下列情形之一的，甲方可以解除本合同：

（一）在试用期间被证明不符合录用条件的；

（二）严重违反甲方的规章制度的；

（三）严重失职，营私舞弊，给甲方造成重大损害的；

（四）乙方同时与其他用人单位建立劳动关系，对完成甲方的工作任务造成严重影响，或者经甲方提出，拒不改正的；

（五）因《劳动合同法》第二十六条第一款第一项规定的情形致使本合同无效的；

（六）被依法追究刑事责任的。

第二十三条　有下列情形之一的，甲方提前 30 日以书面形式通知乙方或者额外支付乙方 1 个月工资后，可以解除本合同：

（一）乙方患病或者非因工负伤，在规定的医疗期满后不能从事原工作，也不能从事由甲方另行安排的工作的；

（二）乙方不能胜任工作，经过培训或者调整工作岗位，仍不能胜任工作的；

（三）本合同订立时所依据的客观情况发生重大变化，致使本合同无法履行，经甲、乙双方协商，未能就变更本合同内容达成协议的。

第二十四条　乙方有下列情形之一的，甲方不得依据第二十三条的约定解除本合同：

（一）乙方如从事接触职业病危害作业但未进行离岗前职业健康检查，或者乙方为疑似职业病病人在诊断或者医学观察期间的；

（二）在甲方工作期间患职业病或者因工负伤并被确认丧失或者部分丧失劳动能力的；

（三）患病或者非因工负伤，在规定的医疗期内的；

（四）女职工在孕期、产期、哺乳期的；

（五）在甲方连续工作满 15 年，且距法定退休年龄不足 5 年的；

（六）法律、行政法规规定的其他情形。

十、劳动合同的终止

第二十五条　有下列情形之一的，本合同终止：

（一）本合同期满的；

（二）乙方开始依法享受基本养老保险待遇的；

（三）乙方死亡，或者被人民法院宣告死亡或者宣告失踪的；

（四）甲方被依法宣告破产的；

（五）甲方被吊销营业执照、责令关闭、撤销或者甲方决定提前解散的；

（六）法律、行政法规规定的其他情形。

第二十六条　本合同期满，有第二十四条约定情形之一的，本合同应当续延至相应的情形消失时终止。但是，第二十四条第二项约定乙方丧失或者部分丧失劳动能力后终止本合同的情形，按照国家有关工伤保险的规定执行。

十一、经济补偿

第二十七条　有下列情形之一的，甲方应当向乙方支付经济补偿；

（一）乙方依照第二十一条约定解除本合同的；

（二）甲方依照第十九条约定向乙方提出解除本合同并与乙方协商一致解除本合同的；

（三）甲方依照第二十三条约定解除本合同的；

（四）除甲方维持或者提高本合同约定条件续订合同，乙方不同意续订的情形外，依照第二十五条第一项约定终止本合同的；

（五）依照第二十五条第四项、第五项约定终止本合同的；

（六）法律、行政法规规定的其他情形。

第二十八条　经济补偿按乙方在甲方工作的年限，满 1 年支付 1 个月工资的标准向乙方支付。6 个月以上不满 1 年的，按 1 年计算；不满 6 个月的，向乙方支付半个月工资的经济补偿。

如果乙方月工资高于本市上年度职工月平均工资 3 倍的，向其支付经济补偿的标准按本市上年度职工月平均工资 3 倍的数额支付，向其支付经济补偿的年限最高不超过 12 年。本条所称月工资是指乙方在本合同解除或者终止前 12 个月的平均工资。

十二、补充条款和特别约定

第二十九条　乙方为甲方的服务期自　　年　月　日至　　年　月　日。

第三十条　乙方的竞业限制期限自　年　月　日至　　年　月　日。

竞业限制的范围为：

在竞业限制期间甲方给予乙方一定经济补偿，具体标准为：

支付方式为：

十三、违反合同的责任

第三十一条　甲方违反本合同约定的条件解除、终止本合同或由于甲方原因订立的无效合同，给乙方造成损害的，应按损失程度承担赔偿责任。

第三十二条　乙方违反本合同约定的条件解除本合同或由于乙方原因订立的无效合同，给甲方造成经济损失的，应按损失的程度承担赔偿责任。

第三十三条　乙方违反服务期约定的，应承担违约金为：

第三十四条　乙方违反竞业限制约定的，应承担违约金为：

十四、其他

第三十五条　补充条款：

第三十六条　本合同未尽事宜，或者有关劳动标准的内容与今后国家、本市有关规定相悖的，按有关规定执行。

第三十七条　本合同一式两份，甲乙双方各执一份。经双方签字盖章后生效。

甲方（盖章）：　　　　　乙方（签章）：　　　　　鉴证机关（签章）

委托代理人（签章）　鉴证人：

年　月　日　　　　　　年　月　日　　　　　　年　月　日

二、劳动合同的检查及注意事项

劳动合同是劳动者与用人单位之间确立劳动关系，明确双方权利和义务的协议。签订了即具有法律效力，那么，签订劳动合同时需要注意哪些事项?

（1）如果求职者进入单位是通过熟人牵线的，碍于情面关系，求职者或者用人单位只是简单地达成了口头用工协议合同，但这种口头合同对求职者是相当不利的，因为一旦日后求职者与用人单位发生利益纠纷后，用人单位可以随意对待求职者，而求职者本人因无字据为证，只能承受可能发生的一切损失。为了保障个人的利益，求职者在正式进入用人单位工作时，一定要与用人单位签订正式的用工合同，以便明确双方的权利和义务关系。

（2）在求职者要和用人单位签订劳动合同时，许多单位常常事先起草了一份劳动合同文本，在文本中约定的责、权、利明显对单位有利，正式签订合同时用人单位只需要求职者简单地签个字或者盖个章就可以了。但求职者仔细推敲合同后，发现条款表述不清、概念模糊，而且合同内容只约定求职者有哪些义务、要何遵守单位的各项制度，若有违反要承担怎样的责任等，而关于求职者的权利，除了报酬外几乎一无所有。为稳妥起见，建议求职者在正式签订劳动合同时，最好要求用人单位到劳动行政部门所属的劳动事务咨询事务所进行劳动合同文本鉴定为好。

（3）求职者签订劳动合同的本意就是想通过法律来保护自己的利益，但是如果签订的合同本身就是违法的，那么求职者的权益照样得不到法律保护。为此，求职者一定要先确认自己签订的劳动合同是否具有法律约束力，包括：用人单位必须具有法人资格，私营企业必须符合法定条件。双方签订的劳动合同内容（权利与义务）必须符合法律、法规和劳动政策，不得从事非法工作；此外签订劳动合同的程序、形式必须合法。

（4）为了更好地用法律武器保障和维护自己的个人利益，求职者在签订合同之前，最好应该认真学习和了解一些劳动法律和法规方面的知识，例如合同双方当事人的权利义务，劳动合同的订立、履行、变更、终止和解除，劳动保护和保险，法律责任等，这样求职者在与用人单位起草劳动合同文本时，就能争取一些对自己有利的权利和义务，或者一旦日后用人单位违反合同规定，求职者就可以利用法律武器来捍卫自己的权益。

（5）一份正式的合同应该条款齐全，日后双方一旦发生利益冲突，可以查证核实。为此，求职者在签订前一定要让单位负责人拿出合同原文，仔细审看合同条款是否齐全，如名称、地点、时间、劳动规则、具体工作内容和标准、劳动报酬、合同期限、违约责任、解决争议方式、签名盖章等。如无异议，再当面同单位负责人签字盖章。

(6) 如果求职者所进的单位主要从事一些对人身安全有较大威胁的行业时，求职者一定要向用人单位确认，遇到工伤应该按照法律的规定来处理。现在不少单位只知道要求职者为他们卖命，一旦求职者伤残或者丧失劳动能力后，他们就毫不留情地一脚把求职者踢开，因此用人单位在起草合同时，为逃避承担的责任，要求职工工伤自理，或只是约定一些无关痛痒的条款，与国家法定的偿付标准相差很远。

(7) 许多私营单位为了达到要挟、控制求职者的目的，常常在签订合同之前要求求职者先交纳一定的上岗抵押金，这样求职者一旦违反约定，其上岗抵押金就会被没收，而用人单位因此有了有恃无恐的把柄，求职者只好唯命是从。为此，求职者应该首先弄清单位收取抵押金的用意。另外，可以私下向内部员工打听一下该单位的声誉，以权衡一下到底是否应该交纳抵押金。

(8) 最后求职者还应该了解一下其他的细节问题，例如当合同涉及数字时，一定要用大写汉字；另外要注意合同生效的必要条件和附加条件（例如，签证、登记）；合同至少一式两份，双方各执一份，妥善保管；双方在签订时如有纠纷，应通过合法方式解决。

课后训练题：以本节中的劳动合同范本为例，与同学讨论劳动合同的签订方式与注意事项。

第三节　劳动保障的含义与范畴

一、劳动保障的含义

劳动保障是指为保护劳动者的基本权益所采取的一切措施和行为的总和。劳动保障制度是以保障劳动者的合法权益为目的的，这是区别于其他对劳动关系调整的法律制度。劳动保障的内容是主体的独立人格、法律地位和物质利益。主体的独立人格是获得法律地位的前提，而独立的法律地位又是实现物质利益的前提。劳动保障首先要确立和维护劳动者和用人单位的独立人格和法律地位。劳动者要独立于国家、独立于资本、独立于其他任何人，成为能够自由支配自己劳动力、享有自主择业权的主人；用人单位要独立于国家、独立于其他单位，成为能够自主经营、拥有用工自主权的市场主体。劳动保障其次是要保障主体的物质利益。维护主体人格和法律地位的目的是实现和保障主体的物质利益。

二、劳动保障监察的范畴

为了规范劳动保障监察工作，维护劳动者的合法权益，国务院于2004年10月26日通过了《劳动保障监察条例》（以下简称《条例》），并于2004年12月1日起施行。该条例对劳动保障监察的范围做出了明确规定，现将有关情况简报如下：

一、属于劳动保障监察的事项

根据《条例》第十一条的规定，劳动保障部门对下列事项实施劳动保障监察：

1. 用人单位制定内部劳动保障规章制度的情况；

2. 用人单位与劳动者订立劳动合同的情况；

3. 用人单位遵守禁止使用童工规定的情况；

4. 用人单位遵守女职工和未成年工特殊劳动保护规定的情况；

5. 用人单位遵守工作时间和休息休假规定的情况；

6. 用人单位支付劳动者工资和执行最低工资标准的情况；

7. 用人单位参加各项社会保险和缴纳社会保险费的情况；

8. 职业介绍机构、职业技能培训机构和职业技能考核鉴定机构遵守国家有关职业介绍、职业技能培训和职业技能考核鉴定的规定的情况；

9. 法律、法规规定的其他劳动保障监察事项。

二、劳动监察的对象

根据《条例》的规定，以下单位违法的，单位职工可以向劳动保障监察部门投诉：

1. 企业和个体工商户。《条例》第二条规定，对企业和个体工商户进行劳动保障监察，适用本条例。

2. 职业中介、职业技能鉴定和职业技能培训机构。如果技能鉴定和职业技能培训机构不依法办理许可，没有取得相应资格的单位擅自从事职业介绍、职业技能鉴定和职业培训等活动欺骗劳动者，扰乱劳动市场秩序，劳动者可以依法投诉举报，劳动保障监察部门应当受理并查处。

3. 国家机关、事业单位和社会团体。《条例》第三十四条规定，国家机关、事业单位和社会团体执行劳动保障法律、法规和规章的情况，劳动保障部门根据其职责，依照本条例实施。这条规定有个条件限制，即上述单位只有在执行劳动保障法律、法规和规章的情况下，才属劳动保障部门管辖。如单位招工、医疗保险、养老保险等。上述单位执行其他规定的情况则不属于劳动保障监察的范围。

4. 不具备用工主体资格的单位和个人。《条例》第三十三条规定：对无营业执照或者已被依法吊销营业执照，有劳动用工行为的，由劳动保障部门依照本条例实施劳动保障监察，并及时通报工商行政管理部门予以查处取缔。

三、不属于劳动监察部门受理的事项

依照《条例》的规定，以下几种情况不属于劳动监察部门受理：

1. 劳动者与用人单位就经济补偿金、赔偿金发生争议的事项。用人单位违反劳动保障法律、法规不支付补偿金，或者对劳动者造成损害依法应当给予赔偿的，劳动者与用人单位发生争议，依照国家有关劳动争议的规定处理。如劳动者与用人单位因解除劳动合同，双方对经济补偿未达成协议，应通过申请劳动仲裁解决。对此纠纷，劳动保障监察部门不予受理。

2. 已经按照劳动争议处理或已经提起诉讼的事项。对应当通过劳动争议处理程序解决的事项，或者已经按照劳动争议处理程序申请调解、仲裁、提起诉讼的事项，劳动保障部门应当告知投诉人依照劳动争议处理或者诉讼程序办理。如用工单位拖欠工资，劳动者已经申请劳动仲裁委员会仲裁，就不能再向劳动保障监察部门投诉举报要求查处。

3. 有关劳动安全卫生监督检查的事项。劳动安全卫生的监督检查，由卫生部门、安全生产监督部门、特种设备安全监督管理部门等有关部门依照有关法律、行政法规的规定执行。例如用人单位违反职业病防治法对劳动者未采取卫生防护措施，应当由卫生监督部门责令改正或处罚。对此，劳动保障监察部门无权管辖。

4. 用人单位违法行为已经超过 2 年。用人单位违反劳动保障法律、法规或者规章的行为在 2 年内未被劳动保障部门发现，也未被举报、投诉的，劳动保障部门不再查处。违法行为有连续或者继续状态的，自行为终止之日起计算。

课后训练题：在自然法则看来，物竞天择是基本规律，也是推动自然发展的原动力。随着人类社会的发展，人类具备了一定的制定“超自然法则”的能力，在善用这种能力的同时，保持对自然法则的敬畏之心是十分有必要的。劳动者保护，作为进步社会实现社会公平的一种手段，也需要注意尺度的把握：既要通过制度设计，给弱势群体适度的保护，从而避免社会出现一个“走投无路”的群体；又绝不能给予弱势群体过度保护，从而导致被保护者“躺在福利上睡觉”的情形，并加剧弱势群体在市场中的弱势地位。请对这句话展开讨论。

第四节 遵守劳动纪律，履行岗位职责，做好劳动保护

一、遵守劳动纪律

1. 要保持讲政治顾大局的清醒头脑

从事任何一项工作，想问题、办事情、作决策，最关键的就是讲政治、守纪律、顾大局。在工作中，要进一步坚持正确的政治立场、方向和观点，增强政治敏锐性和鉴别力，始终做到立场坚定、旗帜鲜明。要坚决维护和切实遵守党的政治纪律、组织纪律、经济工作纪律和群众工作纪律；要牢固树立大局意识、全局观念，自觉把工作放在科学发展的大局来把握，不折不扣地贯彻落实好上级部门的各项工作部署，不折不扣地履行好工作职责。

2. 要保持学以致用的优良学风

学习是一个人增长才干、提高素质的必由之路，是做好各项工作的重要基础。不管是领导干部，还是一般干部，都必须以更加积极的态度、更加紧迫的使命感，去努力学习，去深入思考，坚持不懈地提高自己的综合素质和工作能力。自觉把学习作为一种政治责任、一种精神追求、一种立身之本。工作中，要加强政治理论学习，不断用马克思主义中国化的最新成果武装头脑、指导实践、推动工作，尤其是要牢固树立和全面落实科学发展观，不断提高运用科学发展观解决实际问题的能力；要自觉学习现代科学文化知识，学习相关业务知识，加快知识更新，优化知识结构，向书本学、向实践学、向同志学、向专家学，不断丰富做好本职工作的知识武装和知识储备；要学以致用，以学习提高能力，把学习的收获转化为谋划工作的思路、促进工作的措施、干好工作的本领。

3. 要保持奋发有为的精神状态

有什么样的精神状态，就有什么样的工作水平。有什么样的工作思路，就有什么样的工作成效。当前，随着国情和世情的深刻变化，作为一名干部，只有树立强烈的事业心和责任感，保持奋发有为的精神状态，才能共同完成发展的重任。在工作中，要保持“三种情感”，这就是要保持干事的激情、服务的热情、敬业的痴情。保持干事的激情，就是要以一名干部而自豪，以为基层发展尽职尽责而光荣，带着感情、带着责任、带着追求去工作；保持服务的热情，就是要实实在在为人民服务，认认真真为百姓做事，把群众满意不满意、高兴不高兴、答应不答应作为工作的出发点和落脚点；

保持敬业的痴情，就是要讲实话、办实事、求实效，树立科学严谨和雷厉风行的工作作风，抓好每一天、干好每件事。

4. 要保持求真务实的工作作风

职责面前，态度决定一切。履职之道，贵在实干。始终坚持不拒绝、不妥协、不推诿和不懈怠的工作原则。所谓不拒绝，只要群众提出的要求是合理的，是政策规定允许的，绝不能拒绝。有条件的立即办；没有条件的，创造条件去办。只要政策规定有一线余地，就要想方设法去解决，把以人为本落实到具体的工作实践中；所谓不妥协，就是在刚性原则面前，在百姓权益面前，绝不含糊，绝不走样，绝不会只摘花而不拔刺，绝不回避矛盾；所谓不推诿，就是在责任面前，在问题面前，不推卸责任，不回避矛盾，把原则性和灵活性有机结合在一起，想方设法去化解那些看似无解的难题；所谓不懈怠，就是从每一天做起，从每一项工作做起，从每一件小事做起，脚踏实地、认真负责去工作。

5. 要保持清正廉洁的自律意识

从业者要遵守基本的行为准则，同时必须严格执行遵守企业单位的规章制度。细节决定成败，小节决定荣辱。在工作中，要时刻保持清醒的头脑，时刻算好“经济账”“政治账”“名誉账”“亲情账”和“健康账”；要时时处处对自己从严要求，从小事、小节、小处做起；要注重培养健康向上的生活情趣，坚守做人做事准则，坚守道德底线；要学会拒绝，不被人情和面子所累，严格按照制度规定的标准要求自己。

“业精于勤而荒于嬉，行成于思而毁于随”。认真做好“五个保持”，努力提升自身素质，切实履行好岗位职责。

二、履行岗位职责

1. 责任心

有责任心是履行好岗位职责必须具备的工作态度。没有积极正确的工作态度，没有强烈的工作责任心，是无法干好本职工作的。无论处于什么样的工作岗位，担任什么样的工作职务，都只有安心工作岗位，热爱本职工作才能对自己的工作有责任心。当然，人人都希望拥有一个能够得到充分尊重、安全舒适、薪水丰厚、称心如意的工作岗位，既没有上司的呼来唤去，也没有下级琐事的打扰；既没有工作压力，也没有失业风险。然而，这种理想的工作岗位，在现实生活中是不可多得的，特别是在中国社会主义初级阶段的经济体制改革的历史条件下，更是少而又少。人尽其才，这是理想化的用人之道，也是现代人力资源管理追求努力的方向目标，而现实中这种恰如其分的匹配是很少的。那么，面对这种现实情况应该怎么做呢？不妨尝试一下“既来之，则安之”的自宽做法，从心理上消除对你个人工作岗位的成见，静下心来，倾注你的感情，使自己逐渐去适应岗位工作，而不是要工作来适应你。一分耕耘，一分收获。从完成的工作中寻找成功的满足感和成就感，也许你会发现你的岗位并不那么令人厌烦，你的工作又是多么的让人心动。这时你会后悔自己当初的想法又是多么稚嫩可笑。安心自己的工作岗位，对本职工作有了感情，那么自然而然就有了工作的责任心。

2. 工作技能

这是履行好岗位职责必须具备的能力要求。要想履行好岗位职责，除必须具备强烈的工作责任感以外，还必须要有一定的知识水平和工作能力。没有金刚钻无法揽下瓷器活。光有工作热情，而不具备工作能力，是无法适应岗位需要干好工作的。工作能力是干好工作的必要条件。正因为如此，所以每位工作人员都应该具备适应自己工作岗位的知识水平和工作技能。也许你的知识水平和工作能力应对你目前从事的工作得心应手、游刃有余，也可能确实是有点大材小用。但也不应好高骛远，岂不知有“三百六十行，行行出状元”的道理。你能力出众，工作更应出色。也许你原来具备适应岗位工作需要的知识水平和工作能力，但也必须考虑到社会形势的发展变化，考虑到科学技术进步的日新月异，原有的知识可能早已被淘汰，原有的技能早已落伍，所以无论谁都没有理由一劳永逸，不思进取。居安思危，未雨绸缪，不断丰富充实自己才是应有的态度。

3. 纪律观念

这是履行好岗位职责的重要条件。没有规矩不成方圆。没有纪律观念只要生活在现代社会上，就必须受一定纪律的约束，特别是对于现代企业制度下的员工，更需要具有牢固的纪律观念。纪律观念和责任感是紧密联系的，没有纪律观念就不可能有什么工作责任感，同样没有工作责任感也就表现不出好的纪律观念。对于每个员工来说只有树立了牢固的纪律观念，才能自觉遵守单位的规章制度和各项管理规定，工作中才能照章办事按规程操作，才能表现出对工作负责的态度即工作责任感。远的不说，就看看近在我们身边的采油集训班指导教师和学员，他们自开始以来所表现出的进取精神和纪律观念实在令人佩服。我们应该好好向他们学习，可以说有了他们的干劲和积极性，什么困难也有办法克服，干什么工作都不再会叫苦叫累。

4. 安全意识

安全意识是履行好岗位职责的前提保证。安全是为了工作，工作必须安全。假若一名职工没有安全意识，不管有多高的工作热情，有多强的工作能力，这样的职工也是不称职、不合格的职工。因为离开了安全意识，无论对个人，还是对企业都是一种很大的潜在威胁，意味着时刻有发生安全事故的可能性，一旦酿成事故，就会给企业与个人造成不可估量的生命财产损失。特别是在大力提倡以人为本的今天，更是把安全意识摆在了十分重要的位置。安全意识也是工作责任感的本质要求。所以要想切实履行好岗位职责，就必须有安全意识。

5. 实干精神

干好工作必须有实干精神，空谈只能误事。假设没有扑下身子、放下架子的实干精神，无论干什么样的工作，从事什么样的职业都会一事无成。光说不做等于不说。在实际工作中应该少说多做。讲究实干要从小事做起、点滴做起，小事做多了就成了大事。我们都清楚这样的道理，现实中不论在哪个领域成就事业的人，都不是一开始就干出石破天惊的大事，都不是一鸣惊人的。包括伟人毛泽东、邓小平等，他们也是从基础做起的。

三、做好劳动保护

什么是劳动保护？劳动保护就是依靠技术进步和科学管理，采取技术和组织措施，消除劳动过程中危及人身安全和健康的不良条件与行为，防止伤亡事故和职业病，保障劳动者在劳动过程中的安全和健康。

国家为保护劳动者在生产活动中的安全和健康，在改善劳动条件、防止工伤事故、预防职业病、实行劳逸结合、加强女工保护等方面所采取的各种组织措施和技术措施，统称为劳动保护。劳动保护的具体内容包括：工作时间的限制和休息时间、休假制度的规定；各项劳动安全与卫生的措施；对女职工的劳动保护；对未成年工的劳动保护。

1. 工作时间的限制和休息时间、休假制度的规定

《劳动法》对劳动者的工作时间、休息休假作了如下规定：

第三十六条　国家实行劳动者每日工作时间不超过八小时、平均每周工作时间不超过四十四小时的工时制度。

第三十七条　对实行计件工作的劳动者，用人单位应当根据本法第三十六条规定的工时制度合理确定其劳动定额和计件报酬标准。

第三十八条　用人单位应当保证劳动者每周至少休息一日。

第三十九条　企业因生产特点不能实行本法第三十六条、第三十八条规定的，经劳动行政部门批准，可以实行其他工作和休息办法。

第四十条　用人单位在下列节日期间应当依法安排劳动者休假：

（一）元旦；

（二）春节；

（三）国际劳动节；

（四）国庆节；

（五）法律、法规规定的其他休假节日。

第四十一条　用人单位由于生产经营需要，经与工会和劳动者协商后可以延长工作时间，一般每日不得超过一小时；因特殊原因需要延长工作时间的，在保障劳动者身体健康的条件下延长工作时间每日不得超过三小时，每月不得超过三十六小时。

第四十二条　有下列情形之一的，延长工作时间不受本法第四十一条规定的限制：

（一）发生自然灾害、事故或者因其他原因，威胁劳动者生命健康和财产安全，需要紧急处理的；

（二）生产设备、交通运输线路、公共设施发生故障，影响生产和公众利益，必须及时抢修的；

（三）法律、行政法规规定的其他情形。

第四十三条　用人单位不得违反本法规定延长劳动者的工作时间。

第四十四条　有下列情形之一的，用人单位应当按照下列标准支付高于劳动者正常工作时间工资的工资报酬：

（一）安排劳动者延长工作时间的，支付不低于工资的百分之一百五十的工资报酬；

（二）休息日安排劳动者工作又不能安排补休的，支付不低于工资的百分之二百的工资报酬；

（三）法定休假日安排劳动者工作的，支付不低于工资的百分之三百的工资报酬。

第四十五条　国家实行带薪年休假制度。劳动者连续工作一年以上的，享受带薪年休假。具体办法由国务院规定。

对于劳动者的工作时间问题，国务院于1995年3月25日修订的《国务院关于职工工作时间的规定》做了如下新的规定：

第一条　为了合理安排职工的工作和休息时间，维护职工的休息权利，调动职工的积极性，促进社会主义现代化建设事业的发展，根据宪法有关规定，制定本规定。

第二条　本规定适用于在中华人民共和国境内的国家机关、社会团体、企业事业单位以及其他组织的职工。

第三条　职工每日工作8小时、每周工作40小时。

第四条　在特殊条件下从事劳动和有特殊情况，需要适当缩短工作时间的，按照国家有关规定执行。

第五条　因工作性质或者生产特点的限制，不能实行每日工作 8 小时，每周工作 40 小时标准工时制度的，按照国家有关规定，可以实行其他工作和休息办法。

第六条　任何单位和个人不得擅自延长职工工作时间，因特殊情况和紧急任务确需延长工作时间的，按照国家有关规定执行。

第七条　国家机关、事业单位实行统一的工作时间，星期六和星期日为周休息日。企业和不能实行前款规定的统一工作时间的事业单位，可以根据实际情况灵活安排周休息日。

第八条　本规定由劳动部、人事部负责解释；实施办法由劳动部、人事部制定。

第九条　本规定自 1995 年 5 月 1 日起施行。1995 年 5 月 1 日施行有困难的企业、事业单位，可以适当延期；但是，事业单位最迟应当自 1996 年 1 月 1 日起施行，企业最迟应当自 1997 年 5 月 1 日起施行。

2. 各项劳动安全卫生的措施

（1）劳动者有了解生产作业场所和工作岗位存在的不安全因素和职业危害的权利。用人单位有义务将劳动者生产作业场所和工作岗位中存在的可能导致生产安全事故或者职业病的危害因素如实、全面地告知劳动者。

（2）劳动者有权了解和掌握生产安全事故、职业病的防范措施和应急处理措施，并对本单位的劳动安全卫生工作提出意见、建议。用人单位有义务将生产安全事故和职业病的防范措施和应急处理措施告知劳动者。

（3）劳动者有对用人单位劳动安全卫生工作中存在的问题提出批评、检举和控告的权利，有权拒绝违章指挥、强令冒险作业。用人单位不得因劳动者对本单位劳动安全卫生工作提出批评、检举、控告或者拒绝违章指挥、强令冒险作业而降低劳动者的工资、福利等待遇或者解除与劳动者签订的劳动合同。

（4）劳动者发现直接危及人身安全的紧急情况时，有进行紧急避险的权利。即可以停止作业或者采取可能的应急措施后撤离作业场所。

（5）劳动者有依法获得工伤社会保险的权利。用人单位在与劳动者订立的劳动合同中，应当载明有关保障劳动者劳动安全卫生和依法为劳动者输工伤保险的事项；不得含有免除或者减轻用人单位对劳动者因生产安全事故、职业病而依法应承担的责任内容。

（6）劳动者因生产安全事故、职业病受到损害时，除依法享有工伤社会保险外，还有依照民事法律的相关规定，向用人单位提出赔偿要求的权利。

在国家劳动安全卫生标准的关系中，劳动者对用人单位生产和经营上的商业秘密有保密的义务，用人单位对劳动者生命安全和身体健康卫生有保护义务。建立健全各项劳动安全卫生制度，防止劳动过程中的事故发生，减少职业性危害，是用人单位承担的义务之一。《劳动法》第五十二条规定，“用人单位必须建立健全劳动安全卫生制度，严格执行国家劳动安全卫生规程和标准”“用人单位必须对劳动者进行安全卫生教育”。良好的劳动安全卫生设施条件，是防止事故、减少职业危害的基本因素。《劳动法》第五十三条、第五十四条规定，“劳动安全卫生设施必须符合国家规定的标准”“新建、改建、扩建工程的劳动安全卫生设施，必须与主体工程同时设计，同时施工，同时投入生产和使用。用人单位必须为劳动者提供符合国家规定的劳动安全卫生条件和必要的劳动保护用品”。对未成年劳动者和从事职业危害作业的劳动者要进行定期的健康检查，职工在规定的健康检查中耽误的时间算作工作时间，检查所需的费用，依法由用人单位负责。另外，对劳动者进行安全技术培训，特别是从事特种作业的劳动者，必须经过专门培训并取得特种作业资格证书，才能从事相应的特种作业能力。凡用人单位未履行培训责任而发生事故的，事故责任应由用人单位承担。

用人单位在履行法定劳动安全卫生制度的义务时，也同时享有相应的权利。首先，有权依法制定内部劳动安全卫生规章，并要求劳动者必须遵守这些规章制度和操作规范。其次，有权对企业内部的劳动安全卫生制度规章的执行实施监督检查，纠正违章操作行为。第三，有权对违反劳动安全卫生规章制度，并造成事故的劳动者给予纪律处罚。《企业职工奖惩条件》第十一条第三项规定，“企业有权对玩忽职守，违反技术操作规程和安全规程，或违章指挥，造成事故，使人民生命、财产遭受损失的职工给予行政处分或经济处罚”。

3. 对女职工的劳动保护

《女职工劳动保护规定》是为了减少和解决女职工在劳动中因生理特点造成的特殊困难，保护女职工健康制定。经国务院第十一次常务会议通过，由国务院于1988年9月1日发布并实施。

1988年6月28日，《女职工劳动保护规定》由国务院第十一次常务会议通过，1988年7月21日时任总理李鹏发布中华人民共和国国务院令（第9号），规定自1988年9月1日起施行。

2012年4月28日，《女职工劳动保护特别规定》发布，《女职工劳动保护规定》同时废止。

其中，女职工禁忌从事的劳动范围是：

（1）女职工禁忌从事的劳动范围：①矿山井下作业；②体力劳动强度分级标准

中规定的第四级体力劳动强度的作业；③每小时负重6次以上、每次负重超过20公斤的作业，或者间断负重、每次负重超过25公斤的作业。

（2）女职工在经期禁忌从事的劳动范围：①冷水作业分级标准中规定的第二级、第三级、第四级冷水作业；②低温作业分级标准中规定的第二级、第三级、第四级低温作业；③体力劳动强度分级标准中规定的第三级、第四级体力劳动强度的作业；④高处作业分级标准中规定的第三级、第四级高处作业。

（3）女职工在孕期禁忌从事的劳动范围：①作业场所空气中铅及其化合物、汞及其化合物、苯、镉、铍、砷、氰化物、氮氧化物、一氧化碳、二硫化碳、氯、己内酰胺、氯丁二烯、氯乙烯、环氧乙烷、苯胺、甲醛等有毒物质浓度超过国家职业卫生标准的作业；②从事抗癌药物、己烯雌酚生产，接触麻醉剂气体等的作业；③非密封源放射性物质的操作，核事故与放射事故的应急处置；④高处作业分级标准中规定的高处作业；⑤冷水作业分级标准中规定的冷水作业；⑥低温作业分级标准中规定的低温作业；⑦高温作业分级标准中规定的第三级、第四级的作业；⑧噪声作业分级标准中规定的第三级、第四级的作业；⑨体力劳动强度分级标准中规定的第三级、第四级体力劳动强度的作业；⑩在密闭空间、高压室作业或者潜水作业，伴有强烈振动的作业，或者需要频繁弯腰、攀高、下蹲的作业。

（4）女职工在哺乳期禁忌从事的劳动范围：①孕期禁忌从事的劳动范围的第一项、第三项、第九项；②作业场所空气中锰、氟、溴、甲醇、有机磷化合物、有机氯化合物等有毒物质浓度超过国家职业卫生标准的作业。

4. 对未成年工的劳动保护

未成年人是我国法律重点保护的人群之一，国家对未成年人保护的内容是非常多的，其中一项就是劳动保护，未成年人劳动保护保障的是未成年人的身体健康，那么国家对未成年工劳动保护有什么？

《中华人民共和国未成年人保护法》第三十八条规定，任何组织或者个人不得招用未满十六周岁的未成年人，国家另有规定的除外。任何组织或者个人按照国家有关规定招用已满十六周岁未满十八周岁的未成年人的，应当执行国家在工种、劳动时间、劳动强度和保护措施等方面的规定，不得安排其从事过重、有毒、有害等危害未成年人身心健康的劳动或者危险作业。

对未成年工劳动保护的主要内容有：

①禁止安排未成年工从事矿山井下、有毒有害、国家规定的第四级体力劳动强度和其他禁忌从事的劳动；

②用人单位应按规定的项目对未成年工定期进行健康检查，并根据健康检查结果安排其从事适合的劳动，费用由用人单位承担；

③用人单位招收使用未成年工，除符合一般用工要求外，还须向所在地的县级以上劳动行政部门办理登记，劳动行政部门根据《未成年工健康检查表》《未成年工登记表》，核发由国务院劳动行政部门统一印制的《未成年工登记证》；

④未成年工须持《未成年工登记证》上岗；

⑤用人单位在未成年工上岗前要进行有关的职业安全卫生教育与培训；

⑥组织、指导未成年工的业余文化、技术学习，帮助他们提高文化技术水平；

⑦禁止安排未成年工加班加点；

⑧工会组织对未成年工特殊保护规定执行情况进行监督，县级以上劳动行政部门对用人单位执行情况负有监督检查和依法处罚的责任。

课后训练题：了解《劳动法》，思考如果今后在你的职业生涯中，所在单位侵犯了你的个人权益，你会怎样保护自己？

第三部分

劳动实践

第七章　职业（职场）劳动实践指导

本章目标：

了解实训、实习中应当做些什么

尝试通过自己的专业规划职业轨迹

认知职场基本规则与文化

在我们完成了基础的知识教育以后，需要把学习与职业有机地衔接在一起，为将来真正踏入社会劳动打好最后的一段基础，这就是实习。实习，顾名思义是在实践中学习。在经过一段时间的学习之后，或者说当学习告一段落的时候，我们需要了解自己的所学需要或应当如何应用在实践中。因为任何知识都源于实践，并归于实践，所以要付诸实践来检验所学。一段良好的实习经验不仅能让学生了解到基础职业的具体内容，也能让学生在实习过程中对工作时间、规则与文化有基础的认知和了解。如果说真正进入职场后的发展更多看的是个人能力，那么在进入职场的初期阶段，拥有一段完善的、深入的实习经验，会让学生在真正参与社会劳动时节省极大的精力，甚至少走许多不必要的弯路。《国家职业教育改革实施方案》提出，职业院校实践性教学课时原则上占总课时的一半以上，顶岗实习时间一般为6个月。

第一节　实践性教学

实践性教学通常分为认知实习、跟岗实习和顶岗实习。

认知实习：一般相当于在校生在老师指导下的实操或技术实验课程。实习过程中，学会从技术人员和工人们那里获得直接的和间接的生产实践经验，积累相关的生产知识。通过实习，学习本专业方面的生产实践知识，为专业课学习打下坚实的基础，同时也能够为毕业后走向工作岗位积累有用的经验。

跟岗实习：跟岗实习是指不具有独立操作能力、不能完全适应实习岗位要求的学生，由职业学校组织到实习单位的相应岗位，在专业人员指导下部分参与实际辅助工作的活动。跟岗实习是职业学校教学内容不可或缺的一部分。

顶岗实习：顶岗实习是指在基本完成教学实习和学过大部分基础技术课之后，到职业岗位现场直接参与生产过程，综合运用本专业所学的知识和技能，以完成一定的生产任务，并进一步获得感性认识，掌握操作技能，学习企业管理，养成正确劳动态度的一种实践性教学形式。顶岗实习一般是学生在学业的最后一个学期或者学年参加。如工作顺利，也可以视作工作职场单位互相观察的过渡段。优秀的毕业实习生毕业有可能固定岗位直接转正，也省却了试用期和正式毕业以后再找工作的时间。采用顶岗实习方式，使学生完全履行其实习岗位的所有职责，独当一面，具有很大的挑战性，对学生的能力锻炼起很大的作用。

实习的作用非常重要，主要有验证自己的职业抉择、了解目标工作内容、学习工作及企业标准、找到自身职业的差距四个方面。

第一，验证自己的职业抉择。当大学生在了解自我的基础上确定未来的职业理想时，需要以身试水，需要在真刀真枪的实际工作中检验自己是否真正喜欢这个职业，自己是否愿意做这样的工作。举例来说，如果你想做文案工作，但是当你在广告公司工作之后发现自己不是很喜欢文字工作，那你就要反思自己的职业抉择了，这样就可以及时地纠正和反馈自己的职业发展轨迹。需要注意的是，职业抉择不一定与所学专业 100% 对口，实际上，职业与所学专业对口的人并非很多。

第二，了解目标工作内容。在确定自己适合某项工作后，那你就要明确该工作的所有工作内容，一天都要怎么度过？它的核心工作是什么？它的边缘工作是什么？要与哪些部门打交道？核心能力是什么？在了解工作内容后就要尝试着操作，争取在实践中把这个职务的所有工作都尝试一遍，也在操作中明确自己的优劣势。

第三，学习工作及企业标准。知道了实习工作都要做什么后，你就要了解企业及业内对每个工作内容所要求的流程和标准，这时你要以业内及企业的最高标准来要求自己，用这种高标准来要求自己时无疑就是向业内人物发展。

第四，找到自身职业的差距，包括要明确自己与岗位的差距以及自己与职业理想的差距，并在实习结束时制定详细可行的补短计划。当你从明确差距弥补不足的高度来看实习时，你会从实习中得到更多。

案例阅读：电气类专业实训简介

电气类专业一般有：电气自动化设备安装与维修、机电设备安装与维修、工业机器人应用与维护、电子技术应用等为主的四大专业。

四大专业主要实训内容：

电气自动化设备安装与维修专业主要实训内容有：电子线路安装与调试及检修，电气线路绘图，电力拖动控制线路安装与检修，可编程控制器外围设备安装与接线，三菱、西门子可编程控制器应用（控制程序编程），变频器应用（外围接线与参数调用），变频器的PLC控制，步进电机及伺服电机应用，直流调速系统应用与检修，电梯控制系统程序编制，MCGS触摸屏及组态软件应用，液压与气压传动回路安装调试，MES先进柔性制造系统安装与控制程序编制和调试，工业机器人的编程与操作等。

机电设备安装与维修专业主要实训内容有：电子线路安装、调试与检修，电气线路绘图，机械零部件绘图，钳工基本技能（锉、锯、钻及常用检测工具使用等）训练，机械设备零部件安装与调试，电力拖动控制线路安装与检修，可编程控制器外围设备安装与接线，三菱、西门子可编程控制器应用（控制程序编程），变频器应用（外围接线与参数调用），变频器的PLC控制，步进电机及伺服电机应用，直流调速系统应用与检修，电梯控制系统程序编制，MCGS触摸屏及组态软件应用，液压与气压传动回路安装调试，MES先进柔性制造系统安装与控制程序编制和调试，工业机器人的编程与操作等。

工业机器人应用维护专业主要实训内容有：电气线路绘图，机械零部件绘图，钳工基本技能（锉、锯、钻及常用检测工具使用等）训练，机械设备零部件安装与调试，电力拖动控制线路安装与检修，可编程控制器外围设备安装与接线，三菱、西门子可编程控制器应用（控制程序编程），变频器应用（外围接线与参数调用），变频器的PLC控制，步进电机及伺服电机应用，MCGS触摸屏及组态软件应用，液压与气压传动回路安装调试，工业机器人（KUKA、ABB）离线编程，工业机器人工作站及复杂编程，工业机器人自动化生产线安装与调试，现场总线（PROFIBUS、CC-Link、Modbus）及应用，现场总线控制系统集成及其应用等。

电子技术应用专业主要实训内容有：电子线路安装、调试与检修，电子线路绘图，PCB板的制作，电子检测仪器仪表（数字万用表、示波器等）使用，数字音响设备维修，平板电视组装与调试及常见故障检修，家用电冰箱与空调器常见故障检修，家用电动器具（电风扇、洗衣机等）常见故障检修，电磁炉与微波炉常见故障检修，手机拆装及元器件拆焊，直流调速系统应用与检修，智能楼宇视频监控系统设计与施工，对讲门禁系统设计与施工，安防报警系统设计与施工等。

第二节　现代学徒制与企业新型学徒制

一、现代学徒制

现代学徒制是教育部门提出的一项旨在深化产教融合、校企合作，进一步完善校企合作育人机制，创新技术技能人才培养模式。现代学徒制是通过学校、企业深度合作，教师、师傅联合传授，对学生以技能培养为主的现代人才培养模式。与普通大专班和以往的订单班、冠名班的人才培养模式不同，现代学徒制更加注重技能的传承，由校企共同主导人才培养，设立规范化的企业课程标准、考核方案等，体现了校企合作的深度融合。现代学徒制有利于促进行业、企业参与职业教育人才培养全过程，实现专业设置与产业需求对接，课程内容与职业标准对接，教学过程与生产过程对接，毕业证书与职业资格证书对接，职业教育与终身学习对接，提高人才培养质量和针对性。

现代学徒制有利于促进行业、企业参与职业教育人才培养全过程，实现专业设置与产业需求对接，课程内容与职业标准对接，教学过程与生产过程对接，毕业证书与职业资格证书对接，职业教育与终身学习对接，提高人才培养质量和针对性。建立现代学徒制是职业教育主动服务当前经济社会发展要求，推动职业教育体系和劳动就业体系互动发展，打通和拓宽技术技能人才培养和成长通道，推进现代职业教育体系建设的战略选择；是深化产教融合、校企合作，推进工学结合、知行合一的有效途径；是全面实施素质教育，把提高职业技能和培养职业精神高度融合，培养学生社会责任感、创新精神、实践能力的重要举措。各地要高度重视现代学徒制试点工作，加大支持力度，大胆探索实践，着力构建现代学徒制培养体系，全面提升技术技能人才的培养能力和水平。

二、企业新型学徒制

2018 年 11 月 21 日，人社部、财政部共同印发的《关于全面推行企业新型学徒制的意见》。企业新型学徒制由人社部门提出是按照政府引导、企业为主、院校参与的原则，采取“企校双制、工学一体”的模式，即由企业与技工院校、职业院校、职业培训机构、企业培训中心等教育培训机构采取企校双师带徒、工学交替培养等模式共同培养学徒。

企业新型学徒制明确了工作的主要内容：培养对象上，学徒培训以与企业签订一年以上劳动合同的技能岗位新招用的和转岗人员等为培养对象。培养模式上，采取“企校双制、工学一体”的培养模式，即由企业与教育培训机构采取企校双师带徒、工学交替培养等模式共同培养学徒。培养主体职责主要由企业承担，企业应与学徒签订培养协议，明确培训目标、培训内容与期限、质量考核标准等内容。企业委托培训机构承担学徒的部分培训任务，应与培训机构签订合作协议，明确培训的方式、内容、期限、费用、双方责任等具体内容，保证学徒在企业工作的同时，能够到培训机构参加系统的、有针对性的专业知识学习和相关技能训练。培养目标上，以符合企业岗位需求的中、高级技术工人为主，培养期限为 1 年至 2 年，特殊情况可延长到 3 年。在企业主要通过企业导师带徒方式，在培训机构主要采取工学一体化教学培训方式。

案例阅读

衡阳技师学院进行的校企合作对接，以培养高技能人才，为衡阳经济建设做贡献为目标，以“工匠精神”为动力，实现企业与学校的无缝对接，完善自我，超越自我。通过主动联系名优企业、大企业，进行实地考察，建立合作意向。大力推进校企深度合作，工学结合。

衡阳技师学院与富士康鸿准公司合作始于 1999 年，累计为公司培养输送大量制造类高技能人才。学院还被富士康鸿准精密模具有限公司授予“模具人才培养基地”。

通过考试和面试从机械类专业新生中选拔按照每班 50 人左右的标准安排至少 2 个定向班。每年的 4—5 月份公司派人去衡阳技师学院按照教学计划给定向班的学生进行为期 2—7 天的培训。公司提供了相应实习实训设备。每年暑假安排优秀学生和专业教师到山西晋城、南通模具培训中心和深圳基地跟岗学习和培训，进行专业技能、综合素养的培训和交流，并提供相应的奖学金和助学金。

目前，衡阳技师学院与特变电工衡阳变压器有限公司开办了“特变电工项目工程预备技师现代学徒制班”，与中联重科股份有限公司开办了“中联重科智能电气现代学徒制班”，与湖南天雁机械股份有限公司开办了“天雁机械增压技术现代学徒制班”，与南岳电控衡阳工业技术有限公司开办了“南岳电控数控技术学徒制班”等。合作企业达十余家，涉及专业达二十多个，惠及学生人数占毕业生总人数的三分之一左右，给毕业生的实习就业开辟了新的途径。

第八章　社会劳动实践指导

本章目标：

了解社会劳动实践的分类

了解大学生创新创业的方式

了解各类社会劳动实践与工作之间的联系

第一节　义务劳动、勤工助（俭）学与志愿服务

一、义务劳动

义务劳动，指不计定额，不要报酬，出于自己的自由意志而进行的劳动。具体来说，就是有关卫生环境、抢险救灾、帮贫扶弱等群众性福利事业的社会公益劳动[①]。按义务劳动的劳动主体是否有组织，可将义务劳动分为个人义务劳动和集体义务劳动。按义务劳动的类型不同，可将义务劳动分为参与类义务劳动、实践类义务劳动、科研类义务劳动等（如表 8－1 所示）。实践经验表明，将部分校园劳动纳入社会义务劳动范畴，可作为评定学生思想道德水平的参考。

值得注意的是，义务劳动不是强制性要求。义务劳动完全建立在劳动者主动、自愿的基础上，体现的是劳动者崇高的社会责任感和高尚的品德，营造的是一种良好的社会风气和精神文明成果。《劳动法》第六条对社会义务劳动作出规定，“国家提倡劳动者参加社会义务劳动”。因此，作为劳动者，可以参加社会义务劳动，也可以不参加社会义务劳动，这属于道德范畴的问题，取决于劳动者本人的思想境界。对不参加社会义务劳动的人员给予任何形式的惩处均属于违反《劳动法》的行为。

一个比较有趣的义务劳动案例是，1919 年 4 月 12 日星期六，莫斯科—喀山铁路分局的 15 名工人在下班后“义务加班”，抢修了 3 台损坏的机车。随后，该铁路局职工响应苏联共产党号召，为支援前线、保卫苏维埃政权，在星期六从事义务劳动。这一

① 伍朝阳．正确理解《劳动法》中所指的“义务劳动”[J]．广西工运，1996（11）：20.

表 8－1　社会义务劳动

分类	合作方	内容
参与类	所在村、社区合作	清理“城市牛皮癣”
	公共交通、公园景点、大型商场、消防部门	制止不文明行为
	土地荒漠化地区	植树造林
	文体场馆	义务讲解、数字旅游支持
	校园图书馆或社会图书馆	图书馆服务
	老年福利机构、家政机构	服老助残（教老年人网络约车、网络订餐、网络买药、预约看病）
	本地区河长、湖长	参与河湖治理
	青协、义工	青年志愿者
实践类	各类实践基地	田间学校，助农强技
科研活动类	气象环保部门	环境数据维护

活动很快得到全国工人响应。1920 年 5 月 1 日星期六，举行了全俄星期六义务劳动，时任领导人列宁参加了克里姆林宫区域内的清扫工作。之后，这一活动在全国各地展开，一直持续到苏联解体前。2014 年为激发民众的爱国主义精神，俄罗斯决定恢复这一传统：每年春季开展星期六义务劳动。

有的同学也许会问了，那为什么我们在各种宣传渠道极少看到关于义务劳动的相关宣传案例呢？这正是由于义务劳动这件事本身的包容性导致的。由表 8－1 可以发现，几乎所有社会、校园、集体、个人、环保、卫生、科技……公益性质的劳动，包括本身定义就特别广泛的志愿者活动，都可以作为义务劳动的内容。因此，义务劳动也可以从狭义上被定义为一切具有公益性质劳动的总和。

那既然是不计报酬的义务劳动，是否劳动的过程也应该不计质量呢？这显然是错误的。义务劳动与收取劳动报酬的正式岗位劳动强度通常一样，其标准也与正式工作是完全相等的。也正是因此，一些技术类岗位并不适合由志愿者等非专业个人当作义务劳动岗位，相对来说，义务劳动的具体项目基本都聚集在体力劳动，尤其是基础体力劳动上。在这一层定义上，大学生的义务劳动又与以校园保洁为首的校园劳动产生了较大的重合性。因此，我们也将前文所述的家庭义务劳动、校园义务劳动、社会义务劳动统称为我们在大学生这一层面上定义的“义务劳动”。

那既然有义务劳动，就一定有按劳动收取报酬的劳动。在学生时代，由于无法兼顾学业与工作，由此诞生了一大批以学业为主，以间断性工作为辅的“学习＋工作”模式，我们将之称为勤工俭学。这也是我们接下来要讲的内容。

二、勤工助（俭）学

学校为家境贫困的学生提供工作机会，缓解他们的经济压力，帮助他们顺利完成学业。学生应将这些助学岗位看作增长才干、培养能力自我提升的“练兵场”①，通过勤工助学，学生能够自我管理、自我约束和自我调节，了解社会、了解他人，达到培养沟通、增强交流能力和服务意识的目的。通过勤工助学，学生能够在就业竞争日益激烈的今天，缩短职场适应期，独立面对工作困难、切实感受职场压力，历练组织能力、社交能力和管理能力。

学校为贫困学生提供勤工助学的工作机会，有助于创设实践情景，是学生参与社会实践的桥梁，也为学生毕业后快速适应社会铺平了道路。

（一）勤工助（俭）学的分类与收入

中华人民共和国教育部、中华人民共和国财政部联合制定的《高等学校勤工助学管理办法》（教财〔2007〕7号）规定，高校学生勤工助学酬金一小时不低于8元，每月不能工作超过40个小时。在我们了解到的范围，一般小时酬金在12—20元的勤工俭学工作较多，在此范围之外的则较少。从勤工俭学的原因分类，经过总结，发现学生主要出于两方面的考虑：一方面是由于现代大学生的心态有了很大的变化。他们自立意识强，希望用自己的劳动来赚取酬劳，以取得一定的经济独立；另一方面是目前的社会，大学生就业压力大。很多人希望通过勤工助学取得工作经验，以此来培养自己的能力，并为将来更好地走上工作岗位做准备。

据一份调查问卷显示，有34%的大学生表示勤工助学是为了赚钱减轻家里负担，有48%的大学生勤工助学是为了培养个人能力，提升实践水平，有18%的大学生表示勤工俭学是为了获得工作经验，为就业做准备②。而在另一份当代大学生勤工俭学的目的调查表明，有47%的大学生表示勤工俭学是为了钱，但为钱的动机却不一，他们或是由于家庭经济困难而想减轻家庭负担，或是想过得潇洒一点，或是想弥补自己的“财政赤字”等。有29%的大学生表示勤工俭学是为了培养能力，认识社会，增加自己的人生阅历，锻炼自己的意志，体验自立，而“钱”是次要的，他们坦诚直言：“勤工助学使我们早日接触社会，开阔了视野，增长了知识，锻炼了能力”“如果勤工助学仅仅是为了钱是没有意义的”“流自己的汗，吃自己的饭”；也认为，参加勤工助学不论

① 林傲梅．对职业学校学生参与图书馆管理的思考［J］．南昌教育学院学报，2010，25（3）：118－119.

② 大学生勤工助学调查与分析［EB/OL］．（2018－06－29）［2020－08－08］．https：//wenku.baidu.com/view/63e5d8b49e314332396893d2.html.

是有意识的还是无意识的，都能得到能力的锻炼，但对于具体能够锻炼哪些能力则认识不一。有24%的大学生勤工俭学具有其他目的，有的是为了资助贫困学生或患病者，有人把它看作是丰富课余生活、调节“无聊”生活的一剂良药等等，不一而足。“挣钱”“早日接触社会、认识社会”和“锻炼能力”是大学生参加勤工助学的主要目的。

由此可见，经济负担和社会竞争压力是大学生勤工助学最重要的两个原因。

（二）勤工俭学的流程及岗位

要想开展勤工俭学工作，我们必须首先确定流程和规则。勤工俭学工作一般分为校内勤工助学和自筹勤工助学两种，校内勤工助学的相关要求规定一般相对严格，但对学生的保障也是全方位的，以某大学对于校内勤工俭学的相关规定为例：

1. 在校内开展勤工助学活动的，学生及用人单位须遵守国家及学校勤工助学相关管理规定。学生在校外开展勤工助学活动的，勤工助学管理服务组织必须经学校授权，代表学校与用人单位和学生三方签订具有法律效力的协议书。

2. 签订协议书并办理相关聘用手续后，学生方可开展勤工助学活动。协议书必须明确学校、用人单位和学生等各方的权利和义务，开展勤工助学活动的学生如发生意外伤害事故的处理办法以及争议解决方法。

3. 校内临时岗位按小时计酬。每小时酬金可参照学校当地政府或有关部门规定的最低小时工资标准合理确定。

勤工助学活动从实际出发，因时、因地、因校、因人而异，讲求实效。主要内容有：（1）劳务性服务。组织学生参加校办工厂、农场劳动，工地劳动以及其他体力劳动等；（2）参加对口专业的智力服务。到有关设计、科研单位从事初步设计、描图、绘图等设计辅助工作，帮助科研人员搞实验、搞科研等；（3）担任家庭教师。从事帮助中小学语文、外语、数学、美术、电脑等教学辅助活动；（4）帮助企业（公司）进行用户意见调查，提出改进产品和改善售后服务的措施；（5）从事商业服务活动。帮助企业推销商品，进行经济核算，担任推销员、售货员、审核员等。

我们可以很明确地发现，这一类勤工俭学工作，从法律角度的缜密性和劳动合同的完整性而言，和我们正式入职一家公司所需要的手续几乎是完全吻合的。这种勤工助学活动的好处在于可以让学生提前了解一遍一家公司正式聘用员工所需要的几乎所有流程，因为这类勤工助学通常有独立且稳定的岗位，甚至发薪方式和正式职工也都毫无二致，所以学生在参与这类勤工助学活动时会有相当强的归属感。

另一类勤工助学岗位则相对自由，一般由社会机构（家教公司、餐厅等）发起，直接面对学生本人。这种勤工助学岗位由于直接面对学生，开出的酬劳通常要高于校内勤工助学岗位，甚至几倍于学校“官方”勤工助学。其好处在于可以较快地收取酬劳，但问题在于，这一类勤工助学岗位通常没有相对完善的岗位保障，甚至也没有收入保障。收入被中间人“扒皮”甚至付出了劳动却没有得到任何劳动报酬的情况也十分常见。但类似于一些较大规模的大型公司，其直接面对学生招收勤工助学岗位的原因也仅仅出于方便考虑，我们不能一概而论这种方式就完全不可行。

延伸阅读：由于大学生勤工俭学主要为课外兼职，时间有限及经验缺乏使其常常局限为几种：家教、产品促销、餐饮服务、散发广告宣传单等。以上行为从法律关系的角度基本可以分为以下两类：

（1）介于大学生与雇主个人之间的法律关系。主要表现为家教，大学生受雇于自然人雇主，以提供一定的智力劳动为内容而与雇主之间发生的法律关系。这种法律关系一般认为不属于受劳动法调整的劳动关系，而是属于合同法调整的雇佣合同关系。

（2）介于大学生与用人单位之间的法律关系。如前文所述之散发广告宣传单、产品促销等。在这种法律关系中，一方为大学生，另一方为单位而非自然人。一般认为其合乎劳动合同法关于劳动关系的相关表述，因而属于劳动法调整的劳动合同关系。

三、志愿服务

志愿服务是人们奉献爱心、服务社会的重要方式，体现了人们对高尚精神境界的追求，在“赠人玫瑰、手有余香”中实现自我价值和人生意义。当前，我国志愿服务呈现出蓬勃兴盛的发展态势。志愿队伍越来越壮大，从青年志愿者、巾帼志愿者到文艺志愿者、医疗志愿者、环保志愿者、科技志愿者等，志愿者年龄层次更加丰富，人员构成更加多元。据不完全统计，全国实名注册志愿者超过1.6亿人。参与领域越来越广泛，拓展到扶弱助残、文化文艺、教育科技、卫生环保、法制宣传等各领域。服务大局越来越有力，广大志愿者面向改革发展主战场，在传播党的声音、服务国家战略、参与大型赛会、抗击重大灾害等方面发挥了重要作用。志愿服务已经渗透到我国经济、社会、文化、生态文明建设等方方面面，在决胜全面建成小康社会中发挥着越来越重要的作用，已经成为新时代推进社会主义现代化建设、提升社会文明程度不可忽视的新兴力量。

我国志愿服务事业蓬勃发展、取得显著成效，根本在于以习近平同志为核心的党中央高度重视、坚强领导。习近平总书记对志愿服务事业倾情关心关怀，亲自主持会议审议通过一批有关志愿服务的重要文件，并在参观考察、座谈交流、批示回信时，多次对志愿服务做出重要指示，提出明确要求。2019 年 1 月，习近平总书记在考察天津朝阳里社区时，称赞志愿者是为社会做出贡献的前行者、引领者，所做的事业会载入史册，强调志愿者事业要同“两个一百年”奋斗目标、同建设社会主义现代化国家同行。2019 年 7 月，习近平总书记向中国志愿服务联合会第二届会员代表大会致贺信，强调志愿服务是社会文明进步的重要标志，希望广大志愿者、志愿服务组织、志愿服务工作者立足新时代、展现新作为，弘扬奉献、友爱、互助、进步的志愿精神，继续以实际行动书写新时代的雷锋故事。今年 2 月，习近平总书记在统筹推进新冠肺炎疫情防控和经济社会发展工作部署会议上，高度评价广大志愿者等真诚奉献、不辞辛劳，为疫情防控做出了重大贡献。习近平总书记亲自指导、亲切关怀，让广大志愿者、志愿服务工作者深受鼓舞、倍感振奋，为继续推进志愿服务事业指明了前进方向，提供了根本遵循，注入了强大动力。我们要把习近平总书记重要指示精神作为行动指南，强化责任担当，以更自觉的态度、更主动的作为、更有效的举措推动我国志愿服务事业持续健康发展。

1. 我国志愿服务的主要特色

在中国开展志愿服务工作、发展志愿服务事业，必须植根中国大地、体现中华文化基因、适应我国国家制度和治理体系。我国志愿服务是社会主义国家的志愿服务，是党领导下的群众性道德实践活动，以奉献、友爱、互助、进步为精神内核，以促进人的自由全面发展为根本依归，反映了社会主义社会的新型人际关系。因此，它具有鲜明的价值导向，把培育和践行社会主义核心价值观贯穿全过程，传承了中华优秀传统文化蕴含的厚德仁爱、乐善好施、助人为乐、扶危济困等思想理念和道德精髓，弘扬了革命文化和社会主义先进文化蕴含的服务人民、团结互助、无私奉献等崇高追求。我国志愿服务还有一个优良传统，就是自觉服务党和国家工作大局，与实现“两个一百年”奋斗目标、建设社会主义现代化国家同向前行，成为凝聚实现中国梦强大力量的重要纽带。中国特色志愿服务最本质的特征是坚持党的全面领导，按照为人民服务的要求，把组织群众、宣传群众、凝聚群众、服务群众作为基本职责，紧紧围绕群众最现实、最迫切、最关心的问题开展便民利民活动，不断提升人民群众的获得感、幸福感、安全感。

志愿服务是人民群众自我组织、自我管理、自我服务的实践形式，也是群众参与基层社会治理的重要方式，能够有效弥补政府服务和市场服务的不足与缺位，为政府分忧，为百姓解难。当前，我国社会生活日益多元多样多变，社会公共事务日益繁多，社会治理任务更加繁重，人们参与社会事务的意愿更加强烈。特别是随着我国新型城镇化的快速发展，社区已经成为人们生活的主要场所，居民对社会服务的需求越来越大，对社区管理和基层治理工作也提出了许多新要求新期待。通过开展志愿服务，依靠群众做群众工作，能够有效激发社区居民的主体意识和责任意识，调动他们自主管理自身事务、协同参与公共事务的主动性积极性，让居民真正感到自己是社区的主人，让社区既成为“生活共同体”，也成为“治理共同体”。近年来，各地积极推动志愿服务参与到管理公共事务、丰富社会服务等日常工作中，以共建推动共治，以共治促进共享，取得良好效果。今后，我们还要继续发挥志愿服务在推进社会治理现代化中的重要作用，实现政府治理与社会调节、居民自治良性互动，积极构建基层社会治理新格局。

2. 参加志愿活动（劳动）的意义

志愿者是指志愿贡献个人的时间及精力，在不为任何物质报酬的情况下，为改善社会服务，促进社会进步而提供服务的人。志愿工作具有志愿性、无偿性、公益性、组织性四大特征。参与志愿工作既是“助人”，亦是“自助”，既是“乐人”，同时也“乐己”。参与志愿工作，既是在帮助他人、服务社会，同时也是在传递爱心和传播文明。志愿服务个人化、人性化的特征，可以有效地拉近人与人之间的心灵距离，减少疏远感，对缓解社会矛盾，促进社会稳定有一定的积极作用。

志愿者的精神：志愿者精神意指一种互助、不求回报的精神，它提倡“互相帮助、助人自助、无私奉献、不求回报”。志愿者凭借自己的双手、头脑、知识、爱心开展各种志愿服务活动，无偿帮助那些处于困难和危机中的人们。

学生作为志愿者的意义主要有如下几点：

（1）满足心理需求。学生作为特殊的青少年群体，总体素质较高，有很强的责任心和使命感。大多数学生都认为参与志愿服务是自己应尽的社会责任和义务，并希望能做些有意义的事情来回报社会的培育，积极推动社会文明。志愿服务活动倡导的“奉献、友爱、互助、进步”的精神符合广大学生的特点，满足了他们的心理需求，这也是许多学生加入志愿者行列的最直接原因。

（2）丰富社会经验。学生志愿服务活动的组织和开展大多以校外的社会需求为服务终端。积极参与各类志愿服务活动，已经成为当代学生接触社会、积累社会经验的一条重要途径。时代在变迁，社会在发展。现在的学生，已经不满足于校园内的故步自封，他们渴望接触社会、了解社会并在社会中实现自己的价值，使自己今后能够迅速地融入社会。而志愿活动作为社会实践的重要一环，恰恰满足了学生丰富社会经验，适度参与到社会劳动分工中去的客观需求。

（3）提高道德评价。当代学生主体意识普遍较强，他们内心崇尚自我激励、完善，以构建符合当今社会主流价值观的独立、健全的人格。志愿服务活动与志愿者精神符合现代道德规范，获得了社会的积极评价。志愿服务虽然不计报酬，但收获了心灵的净化，提升了社会、集体和他人对自己的道德评价，这对大学生而言具有非常重要的意义。

3. 学生可以参加的志愿活动

既然我们已经知道了志愿活动是社会劳动实践的重要一环，那么作为学生，我们可以参加哪些志愿活动？又应该参加哪些志愿活动？在《教育部关于深入推进学生志愿服务活动的意见》（教思政〔2009〕9 号）文中，将学生可以参加的志愿活动主要归纳为如下几个方面：

在着眼于讲文明树新风的志愿服务活动中，组织开展普及文明风尚志愿服务，更好地传播文明理念，倡导团结互助精神，引导人们知礼仪、重礼节、讲道德；组织学生参加科技、文体、法律、卫生、社会治安、保护生态环境等志愿服务，为普及科学知识、传播先进文化、营造和谐环境服务。

在着眼于扶危济困的志愿服务活动中，组织开展送温暖、献爱心活动，大力弘扬我国扶危济困、助人为乐的传统美德，坚持从办得到、群众又迫切需要的事情做起，把生活困难群众和老年人、残疾人作为重点对象，努力为困难群众排忧解难。

在着眼于大型社会活动顺利进行的志愿服务中，开展公共秩序和赛会保障等志愿服务活动，动员学生志愿者到公共场所、道路交通和赛会场馆等重点部位，宣传文明行为规范，参加接待、咨询、联络、秩序维护等方面的工作，努力创造规范有序的社会公共秩序，为大型社会活动的顺利进行提供保障。

在着眼于应急救援的志愿服务活动中，以高校学生为主组织志愿者参与普及防灾避险、疏散安置、急救技能等应急处置知识，重大自然灾害和突发事件的抢险救援、卫生防疫、群众安置、设施抢修和心理安抚等工作。要依托有关职能部门、行业协会和专门学会，组织有相关知识、经验和资质的高校学生志愿者成立专业救援服务队，提高应急救援的专业化水平，保证高校学生志愿者关键时刻能服务、会服务。

高校要积极倡导毕业生参加“三支一扶”计划和大学生志愿西部服务计划等项目，鼓励和引导毕业生志愿者到西部、到基层、到祖国最需要的地方去，转变就业创业观念，提升就业创业能力，传播志愿服务理念，大力弘扬志愿精神。

拓展阅读：疫情中的志愿者

2020 年，新冠肺炎疫情席卷全球。我国在应对这场疫情防控人民战争中，志愿服务活动广泛开展，小红帽、红马甲随处可见，广大志愿者踊跃参与，投身到疫情防控战线的各个领域，各尽所能、各展所长，舍小家为大家、讲奉献勇担当，成为联防联控、群防群治的重要力量。各地志愿者参与了许多方面的工作：一是助力防疫教育引导。广泛开展通俗易懂、形式多样的疫情防控宣传教育，引导群众正确理性看待疫情，增强自我防范意识和防护能力，为社会舆论注入更多的正能量。二是参与疫情排查治理。积极配合基层组织做好体温检测、信息登记、疫情排查、人员隔离、秩序维护等工作，极大缓解了抗疫人手缺乏的问题。三是做好综合服务保障。为一线奋战的医生护士、防控点值守人员、被隔离群众以及相关医疗用品生产企业，提供力所能及的生活保障和外围服务。四是提供专业技术支持。一大批具有医学、心理咨询、应急救援等专业技能的志愿者，在相关机构的统筹调配下，积极参与卫生防疫、心理辅导、救助救护等专业性较强的工作。在疫情防控最吃劲的关键阶段，中国共产党中央委员会宣传部（以下简称“中宣部”）、中央精神文明建设指导委员会办公室（以下简称“中央文明办”）在武汉启动实施“志愿服务关爱行动”，组织2万多名志愿者，帮助全市800万居家市民代购代送生活必需品，打通了民生保障“最后一百米”，成为精神文明建设服务党和国家工作大局的成功范例。全国各地广泛开展的疫情防控志愿服务，彰显了同舟共济、守望相助的家国情怀，展现了中国力量、中国精神，增强了广大群众共克时艰的信心和力量，为坚决打赢疫情防控的人民战争、总体战、阻击战发挥了重要作用。疫情防控的实践证明，志愿服务在协助党委政府应对突发事件、提高社会治理能力上能够发挥重要而特殊的作用。

第二节 “三下乡”社会实践

一、“三下乡”社会实践的起源

大学生三下乡是指“文化、科技、卫生”下乡，是各高校在暑期开展的一项意在提高大学生综合素质的社会实践活动。

文化下乡包括：图书、报刊下乡，送戏下乡，电影、电视下乡，开展群众性文化活动；

科技下乡包括：科技人员下乡，科技信息下乡，开展科普活动；

卫生下乡包括：医务人员下乡，扶持乡村卫生组织，培训农村卫生人员，参与和推动当地合作医疗事业发展。

20世纪80年代初，团中央首次号召全国大学生在暑期开展“三下乡”社会实践活动，随后逐步在各高校展开，时至今日已成为各大高校锻炼学生社会实践能力的一种重要的常规性活动，也是考核学生综合素质的重要指标。

1996年始，中央宣传部、中央文明办、教育部、科技部、司法部、农业部、文化部、卫生部、国家人口计生委、广播电影电视总局、新闻出版总署、共青团中央、全国妇联和中国科协 14 部委联合开展了大学生“三下乡”活动。

2004 年，中共中央国务院《关于进一步加强和改进大学生思想政治教育的意见》（中发〔2004〕16 号）发布；2005 年，团中央、教育部制定了《关于进一步加强和改进大学生社会实践的意见》（中青联发〔2005〕3 号），文件第四条提出：“文化、科技、卫生“三下乡”和科教、文体、法律、卫生“四进社区”活动，是新形势下大学生参加社会实践的有效载体。要广泛发动大学生利用寒暑假等时间开展“三下乡”和“四进社区”活动。高校要更加主动地与地方沟通，进一步明确实践服务的内容，根据需求选派相关专业的大学生组成团队，为群众办实事、做好事、解难事。当地团组织要在党政的领导和支持下，与有关部门协调配合，安排好活动的时间、地点和具体内容。活动所在单位要对大学生的表现作出鉴定。”

活动成员以志愿者的形式深入农村，传播先进文化和科技，体验基层民众生活，调研基层社会现状。通过一系列实践活动以期提高大学生的社会实践能力和思想认识，同时更多地为基层群众服务。大学生“三下乡”活动开展至今，已经成为每年全国大中专学生社会实践活动的一项重要内容。

二、“三下乡”活动内容及活动流程

目前，“三下乡”活动由共青团中央主办的中国青年网下属的“三下乡”官网（http：//sxx. youth. cn/）作为主要信息发布平台。大学生的“三下乡”社会实践活动涉及面广，内容丰富，形式多样。活动可以是单人形式，也可以以小组的形式进行，一般来说小组形式更加有利于实践活动的展开和取得成功。各大高校的暑期“三下乡”基本以支教和调查为主。中国青年网将为每一所参与“三下乡”社会实践活动的学校开通管理员账户，学校管理员可以在后台审核本学校的团队报备、投稿等工作，实现对本校范围内的“三下乡”社会实践活动管理工作平台化和线上化，实时查看并统计本校的团队报备、投稿以及全国排名等情况。

“三下乡”活动的一般流程如下。

1. 确定主题

拟定实践主题对社会实践非常重要，它是整个实践活动的思想指导。好的实践主题必须联系实际，切忌空谈和夸张。

2. 拟定策划

确定实践主题后必须根据主题思想拟定详细的活动策划，策划以书面或电子文档形式拟定。活动策划的优劣直接关系到整个活动成败，它规定了活动的具体内容和活动形式以及各种注意事项等。

3. 提出申请

向所在学校或学院提出书面申请，同时上交活动策划并领取“三下乡”实践表格。

4. 活动进行过程

5. 撰写总结

实践结束后，成员需要就实践活动做出总结，撰写实践总结报告并上交。实践总结报告应包括实践者对整个实践活动的基本描述、实践心得以及实践评价。

拓展阅读：2020年暑期“三下乡”活动主要内容①

在统筹推进新冠肺炎疫情防控和经济社会发展背景下，紧紧围绕学习宣传贯彻习近平新时代中国特色社会主义思想，结合开展党史、新中国史、改革开放史、社会主义发展史学习教育，突出助力疫情防控和经济社会发展、助力打赢脱贫攻坚战和乡村振兴、助力新时代文明实践中心建设、大力开展返家乡社会实践等重点，引导青年学生参与属地化、常态化的社会实践活动。具体活动和相关指引将在“三下乡”活动官网和“创青春”微信公众号等新媒体平台公布。

（1）助力疫情防控和复工复产。以学生专业技能为依托，在科学精准有效的防控措施保障下，鼓励学生参与社区防控排查、社会秩序维护、疫后心理疏导、医护子女辅导、便民利民服务、关爱留守儿童、参加生产劳动、典型事迹宣讲等实践活动，为战胜疫情和促进经济社会发展做贡献。

（2）投身打赢脱贫攻坚战。脱贫攻坚到了决战决胜的关键时期，今年突发疫情产生了诸多不利影响。在疫情低风险地区可以开展政策解读、实地调研、技能培训、医疗扶持、电商带货、就业服务、资源对接、信息服务、志智双扶、推普助力脱贫等活动，帮助贫困地区群众解决实际问题，在参与打赢脱贫攻坚战中凝聚力量、贡献智慧。要注重讲好脱贫故事，展现变化历程，引导大学生通过社会实践增强制度自信。

（3）参与乡村振兴战略实施。动员鼓励在乡大学生投身乡村振兴，开展基础教育、医疗卫生、服务三农、青年工作、基层社会治理等领域的实践活动，帮助发展乡村产业，改善基础设施，美化乡村环境，促进公共服务，提升乡风文明，促进基层团的工作。

① 资料来源于三下乡官网，http：//sxx. youth. cn/。

（4）参加新时代文明实践志愿服务。招募志愿者深入新时代文明实践中心建设试点地区，开展学习实践科学理论、宣传宣讲党的政策、培育践行主流价值、丰富活跃文化生活、持续深入移风易俗等志愿服务活动。着眼倡导文明生活风尚，积极参与保护野生动物、宣传科学健康文明生活理念和生活方式，引导基层群众革除陋习不吃野味，提高公众生态环保意识。

（5）开展返家乡社会实践。2019 年有 200 余个区县团组织开展了返家乡社会实践试点工作，取得良好成效。针对当前大多数学生在家学习的情况，有条件的地方可以探索开展返家乡社会实践专项，以政务实践、企业实践、公益实践、社区报到、兼职锻炼等为主要方式，引导大学生了解国情民情，服务当地经济社会发展。

第三节　创新创业实践

一、劳动与创新创业实践

创新创业教育，是以培养具有创业基本素质和开创型个性的人才为目标，不仅仅是以培育在校学生的创业意识、创新精神、创新创业能力为主，而是要面向全社会，针对那些打算创业、已经创业、成功创业的创业群体，分阶段分层次地进行创新思维培养和创业能力锻炼的教育。创新创业教育本质上是一种实用教育。在中职、高职阶段，学生尚未对社会劳动有一套完整的、全面的认知，在这种前提下开展的创新创业实践，更多的是为学生未来参加社会劳动打开眼界，让学生对于劳动创造财富、创造未来从线性思维转变为面性思维，为学生的未来提供更多可能。

2019 年 11 月 26 日，习近平总书记主持召开的中央全面深化改革委员会第十一次会议通过了《关于全面加强新时代中小学生劳动教育的意见》，强调劳动教育是中国特色社会主义教育制度的重要内容，要全面贯彻党的教育方针，坚持立德树人，把劳动教育纳入人才培养全过程。这也为高校创新创业教育提出了与劳动教育相结合的时代命题。中华人民共和国教育部 2019 年度深化创新创业教育改革的主要任务之一便是“深入推进创新创业教育与思想政治教育、专业教育、体育、美育、劳动教育紧密结合，打造‘五育平台’，在更高层次、更深程度、更关键环节上深入推进创新创业教育改革，全力打造创新创业教育升级版”，指明了新时代打造创新创业教育升级版的基本路径。

众多调查显示，我国高校创新创业教育比较重视培养大学生的创新精神、奋斗精神、挑战精神，但对敬业精神和社会责任感的培养明显不足。麦可思与中国人事科学研究院合作进行的“大学毕业生创业跟踪研究”的调查数据显示，在 12 种创业素质中，大学生创业者认为最重要的素质是创新意识（51.1%）、吃苦耐劳（46.8%）和挑战精神（33.3%），敬业精神和社会道德则排在了最末两位，分别占比 11% 和 5.1%。一项对吉林省 25 所高校的实证调查显示，有 45.5% 的大学生认为创新创业就是开发一项创新项目，20.3% 的学生认为是开公司或企业，25% 的学生认为是开创一份事业，9% 的学生认为创业就是赚钱。另一项对陕西省 10 所高校在校生和创业大学生的调查显示：大学生创新创业的动机中，为了实现自我价值占比最高（25.6%），符合个人爱好占比次之（20.3%），喜欢自由占比第三（17.6%），其后依次是发展前景好（13.4%）、收入高（10.5%），而选择实现社会价值的占比最少，仅为 9.2%。可见，绝大多数大学生仅仅把创新创业理解为发挥创新精神和奋斗精神创造财富、实现个人价值，对作为企业家应具备的社会责任感与使命感意识不强。这样的创新创业教育可以培养出大量的商人或老板，但很难培养出真正的企业家。

在全国教育大会上，习近平总书记提出了“要在学生中弘扬劳动精神，教育引导学生崇尚劳动、尊重劳动，懂得劳动最光荣、劳动最崇高、劳动最伟大、劳动最美丽的道理，长大后能够辛勤劳动、诚实劳动、创造性劳动”的总要求，这既是劳动教育的目标，也是培育企业家精神的基石。因为真正的企业家必然崇尚劳动、尊重劳动，由衷地认同劳动最光荣、最崇高、最伟大、最美丽的道理，愿意兢兢业业地通过自己的辛勤劳动、诚实劳动、创造性劳动发财致富，并积极承担社会责任，尊重劳动者，乐于与其他劳动者合作追求利润、创造财富、共享成果。同时，企业家所需具备的“创新精神”更是新时代创造性劳动的一种典型表现。创新创业教育与劳动教育相结合，有利于引导国人跳出将劳动仅仅理解为普通体力劳动的偏见，站在劳动发展新业态的高度重新看待劳动，深刻认识新时代劳动的脑力化与创造性本质。

二、学生如何选择创业方向

人才的标准应该包括知识的掌握应用型和创新创业型两个方面。从我国高等教育人才培养情况总体来看，我国高等教育人才总量大和创新创业能力不足形成了鲜明的对比，创新创业能力培养制约着我国人才培养的整体质量。我国的优秀大学毕业生缺位创新和自主创业，如果说在改革初期，这一缺位还没有显现出太大的弊端，那么随着产业的成熟和竞争领域的提高，不是以优秀人才引领的创新创业队伍，很难在新领域竞争中占有一席之地。把我们的学生从最刻苦学习和认真的人才，培养成最会应用知识和最会创新的人才，是高等教育必须再补上的一课。

如果我国大学生都只做就业需求者，那么随着我国受高等教育人员的不断攀升，人才就业压力必将越来越大，如果我们的经济和技术整体在低端徘徊，那么面临最大压力和冲击的将是高校毕业生，他们将陷入高不成、低不就的尴尬局面。从根本上解决这一问题的办法就是培养学生的创新创业能力，使一部分优秀的学生组成创业团队，根据自身优势进行创业，除了直接缓解就业竞争外，他们还将会成为就业机会的创造者。在当前的信息时代、网络时代和个性化时代，具有创新热情和活跃思想的大学生，必将担负起创业“新生代”的重任。

在许多影视作品中，年轻人创新创业都是一个非常好的题材。但艺术来源于生活往往又高于生活，因此通常将创新创业工作简单化、浪漫化，导致我们对于创新创业拥有着一些不切实际的幻想。从你开始准备踏入创新创业工作的第一天开始，你面临的第一个大问题，也是最致命的问题就是：选择方向。

目前，创新创业选择方向基本上分为两大类别：市场引导派与专业引导派。

市场引导派理解很简单，就是市场需要什么，什么行业火，我们就做什么行业。这种做法自然有它的可行性，从市场逻辑的角度而言，也确实是当前最火的项目，资金流动量相对较大。下面举几个极为常见的市场引导派案例：

1. 教育商机

活到老，学到老，人们对知识的渴求不再局限于学校的内容。在职场上竞争激烈，科技的进步，越来越多的人到课外充电培训，学电脑，学英语，学技能，学企业管理等等培训类课程，在这些课程中蕴藏了很大的商机。现在的幼儿教育、中考、高考等等的培训机构也越来越多，人们对知识的追求和重视，更多的人看到了教育商机。此外，对于学前儿童来说，家长们也更加重视孩子们的兴趣培养，因此，各类舞蹈、美术、乐器等培训机构也是遍地开花。大学生可以利用自身优势与自己的特长选择培训项目。

2. 便利店

适合在居住区、学校、工业区、市场等人群集中的地方，只要物品齐全，价格实惠，童叟无欺，自然每天都会有回头客上门给你做生意。开小型便利店最重要的便是要学会配货，根据当地消费者的需求，做一个适宜的配货比。

3. 餐饮店

俗话说民以食为天，对于大学生创业者来说，可从小型餐饮企业起步，逐渐累积经验和资本，逐步把企业做大做强。特色餐饮店是大家都喜欢光顾的，大学生创业可以选择一个好的餐饮加盟项目，加上合理的运作，将会是创业的上好选择。

4. 宠物照相馆

现在很多人喜欢给自己的宠物拍照，但是目前市面上能给宠物拍照的照相馆比较少，因而存在巨大商机。给可爱的动物照相，既是一种享受又可以创业。可以把拍摄的照片制作成挂历、贺卡、钥匙链、杯子和衬衫等。还可以推出各类套餐，定位不同的价格，以便于不同需求的顾客选择。

通过以上几个例子，我们相信，现在动心的同学应该有很多了。更多的同学甚至表示“这就是我之前想过的创业方向”。

但这些创业方式都可行吗？未必。那如果说它不行，又是为什么呢？这就涉及我们下一节要讲的主题：创业准备。我们暂时先不提，来看另外一个思维方式：专业引导派。

专业引导派其实更加简单，即根据同学们所学的具体专业，延伸到具体社会分工中去，将毕业以后理所当然的职业提升为创业手段。

例如，有一批学习电子商务专业的同学，通过分析中国电子商务行业的发展现状、电商物流的发展现状以及农村电商的发展现状可以看出，随着电子商务行业的快速发展，带动着电商物流的快速发展，同时国家对农村电商的重视，农村电商存在着极大的开发空间。因此，这些电子商务专业学生决定的创新创业方向可以主要以农村电商为创业方向，方式可以为网上开店、网店代运营、电商物流末端业务、农村电商经纪业务等。再根据具体投资、运营等情况，具体规划创新创业的落地产品等等。

虽然学生创新创业在当前我国政策上是有一定的扶持，但从实际操作而言，作为一个产品，或者一个店铺，甚至是一个公司，它是学生创造的，还是社会人士创造的，对于受众而言，并不会产生情感上的偏斜，实质上还是站在同一水平线上。由于学生群体的资金受限较为严重，而社会资源缺失、社会经验缺失的情况又非常普遍，学生独立创业的整体难度要高于在社会上打拼了相当长一段时间，对市场有相对的了解，有较为固定的人脉甚至是客源，有客观的资金积累的社会人。

同时我们也必须看到，学生创业的优势，除了政策上的扶持减轻了一部分的资本压力之外，最大的优势在于学生群体对技术方面的积累和对校园市场、校园环境的相对了解。同为学生群体的身份，也会让主要以学生为受众群体的产品在校园推广环节更容易产生共鸣。从这一角度来说，许多经济学家和企业家并不推荐学生创业初期就直接杀到社会上与资本拼杀、与圈子拼杀，从实际来说，这样的胜率也是极低的。

三、学生创新创业面临的风险和契机

俗话说未思进先思退，在兵法中，“思退”是比“思进”更加重要的一部分。再勇猛的将军也不可能永远打胜仗，那么在创业之初，了解可能遇到哪些风险和失误，是比了解如何成功更重要的一环。

（一）大学生自主经营创业可能的风险

1. 创业项目中途下马

由于很多大学生缺少对市场的真正熟悉了解，项目实施前制定的方案又脱离市场实际情况而变得不可行，凭借创业的激情盲目实施创业计划而缺少充分准备，市场环境发生的突然变化令创业者措手不及，这些都极有可能造成创业项目运作时的举步维艰，迫使创业者放弃继续经营而使创业计划中途流产。

2. 经营失误项目夭折

任何创业项目要想成功都是需要创业者去认真经营的，成熟稳健的投资理念、正确规范的经营思想、灵活机动的经营方式、谦虚谨慎的经营态度、投入忘我的创业精神，是一个创业者走上成功之路需要具备的基本素质，刚刚步入社会的大学生在创业初期都很有可能欠缺不足，没有掌握到正确的经营之道；创业者如果在创业项目实施中不能够及时学习提高并自我完善，创业之路会变得更加崎岖和漫长，是否能够创业成功也就更加难以把握。

3. 创业失败背负重担

任何企业或个人的创业项目都存在着失败的可能性，大学生自主经营创业当然也有失败的可能，并且现实中就有很多的大学生创业失败案例；创业失败后使自己及家庭背负上沉重的经济负担，是那些没有做好创业项目风险防控准备的创业者比较突出的问题，毕竟创业项目是需要投资经营运作的，选择超过自己资金承受能力很多的创业项目实施运作，这方面的问题就会更加明显；还有创业失败后可能使创业者背负上一定的心理负担，并且可能会影响到创业者以后的生活与工作，大学生由于还没有在社会上经历过很多的挫折与磨难，相对于其他人群的创业失败，其心理上的负担会更重一些，心态调整的时间则更长。

（二）大学生自主经营创业失误的原因

1. 创业项目选择失误

不论是采取自主挑选项目进行创业，还是选择连锁加盟、转让合作的项目创业，深入了解项目相关市场、理性认识分析自身条件、制定切实可行创业计划，这些都是必不可少的创业基本步骤，同时还要注意发现及规避市场中的很多虚假或带有欺骗性质的创业项目。甚至许多传销组织也打着“大学生自主创业”的名号来吸引受众，这是我们在创业之前必须注意的一个基本点。

2. 创业项目资金不足

很多创业者在项目选择和经营管理方面都没有问题，并且经过努力市场也在逐步打开，但是由于资金周转的匮乏，轻则造成创业项目运作周期拉长前景难料，重则迫使项目停滞不前中途下马；因此，量力而行地选择创业项目和制定严谨周密的资金使用计划，对于任何性质的创业者都是应该遵守的基本原则。

3. 合作伙伴内部矛盾

与其他人合作共同创业是很多创业者经常采取的方式，很多大学生在创业时也会寻找自己的创业合作伙伴，尤其是与志同道合的同学一起创业就更显得顺理成章。互助形式的合作创业有很多优势，同时也存在很多不可避免的问题，各自投入资金多少、分工是否明确、合作机制是否健全、是否团结一致等，这些都有可能使合作伙伴之间的关系产生裂痕，发生的矛盾如没有得到及时的协调处理会逐步激化并不可收拾，创业伙伴的分道扬镳也就难以避免，创业项目也就自然搁浅了。

4. 不良创业项目侵害

由于很多大学生并没有真正接触过社会，对于市场中的很多创业项目缺乏认识和了解，那些虚假或带有欺骗性质的创业项目就利用了大学生的天真与创业激情，不切实际的项目介绍、夸大其词的市场空间、虚拟的经济效益分析、简单省事的经营模式，都有可能诱惑住刚刚走出大学校门的学生去全身心投入其中，等到发现所运作的创业项目并不可行时，却已经投入了大量的时间、人力、经济等成本，造成的直接和间接损失难以挽回。

5. 缺乏持之以恒精神

经营创业项目需要创业者具有持之以恒的创业精神，创业中如果遇到一点困难与挫折就退让躲避将难以到达成功的彼岸。因此在创业方向选择、经营管理、资金情况都没有原则失误的情况下，让项目与市场有足够的磨合，走过“黎明之前的黑暗”这段时间就很关键。轻言放弃会使创业者全部的努力付之东流。

四、学生创业的前期准备

通过上面内容的了解和学习，我们知道了“创业维艰”这个道理，也初步明白了创新创业所要面临的实际困难。那么我们如果真的要选择这条道路来创造未来，我们在真正创业之前，至少需要做出以下几点准备：

（一）思想准备

创新创业，首先要具有创新观念和思维，培养创业文化，培养独立的人格和敢于创业、勤于创业的信心。

（二）知识储备

要与大学期间的学习内容相结合，对知识有系统的理论学习，最好与个人的兴趣爱好相结合，让大学期间的学习得到很好的利用。

（三）路演准备

利用各高校的孵化园区等场地，为创业前期做好实践演习，助力创业者成功走上创业之路。

（四）资金储备

创业的核心是资金储备。资金储备的多少在很大程度上决定了创业项目的成败生死，也极大地制约了创业的规模。虽然银行贷款被誉为“创业融资的蓄水池”，学生创业又可以利用政府扶持政策，享受大学生创业免息贷款，但在实际创业时我们还是要清醒地认识到，项目所涉及的资金量越大，确实在盈利时会有更好的财务表现，但在亏损时对创业者的压力也是呈几何级数增长的。所以并不是资金量越大越好。

在这些储备都有了一个基础的框架之后，我们就需要对创业项目进行一个基础的描绘。我们通常称其为 BP，即 Businessplan，商业计划书。通常，一本完整的商业计划书要包含如下内容。

1. 计划摘要

计划摘要列在商业计划书的最前面，它是浓缩了的商业计划书的精华。计划摘要涵盖了计划的要点，以求一目了然，以便读者能在最短的时间内评审计划并做出判断。计划摘要一般要有包括以下内容：公司介绍；主要产品和业务范围；市场概貌；营销策略；销售计划；生产管理计划；管理者及其组织；财务计划；资金需求状况等。在介绍企业时，首先要说明创办新企业的思路，新思想的形成过程以及企业的目标和发展战略。中肯的分析往往更能赢得信任，从而使人容易认同企业的商业计划书。最后，还要介绍一下创业者自己的背景、经历、经验和特长等。创业者的素质对企业的成绩往往起关键性的作用。在这里，创业者应尽量突出自己的优点并表示自己强烈的进取精神，以给投资者留下一个好印象。在计划摘要中，企业还必须回答下列问题：

（1）企业所处的行业，企业经营的性质和范围；

（2）企业主要产品的内容；

（3）企业的市场在哪里，谁是企业的顾客，他们有哪些需求；

（4）企业的合伙人、投资人是谁；

（5）企业的竞争对手是谁，竞争对手对企业的发展有何影响。

摘要要尽量简明、生动。特别要详细说明自身企业的不同之处以及企业获取成功的市场因素。如果创业者了解他所做的事情，摘要仅需二页纸就足够了。如果创业者不了解自己正在做什么，摘要就可能要写20页纸以上。因此，有些投资家就依照摘要的长短来“把麦粒从谷壳中挑出来”。

2. 产品（服务）介绍

在进行投资项目评估时，投资人最关心的问题之一就是，创业者的产品、技术或服务能否以及在多大程度上解决现实生活中的问题，或者，创业者的产品（服务）能否帮助顾客节约开支，增加收入。因此，产品介绍是商业计划书中必不可少的一项内容。通常，产品介绍应包括以下内容：产品的概念、性能及特性；主要产品介绍；产品的市场竞争力；产品的研究和开发过程；发展新产品的计划和成本分析；产品的市场前景预测；产品的品牌和专利。在产品（服务）介绍部分，创业者要对产品（服务）做出详细的说明，说明要准确，也要通俗易懂，使不是专业人员的投资者也能明白。一般来说，产品介绍都要附上产品原型、照片或其他介绍。产品介绍必须要回答以下问题：

（1）顾客希望企业的产品能解决什么问题？顾客能从企业的产品中获得什么好处？

（2）企业的产品与竞争对手的产品相比有哪些优缺点？顾客为什么会选择本企业的产品？

（3）企业为自己的产品采取了何种保护措施？企业拥有哪些专利、许可证，或与已申请专利的厂家达成了哪些协议？

（4）为什么企业的产品定价可以使企业产生足够的利润？为什么用户会大批量地购买企业的产品？

（5）企业采用何种方式去改进产品的质量、性能？企业对发展新产品有哪些计划等等。

产品（服务）介绍的内容比较具体，因而写起来相对容易。虽然夸赞自己的产品是推销所必需的，但应该注意，企业所做的每一项承诺都是“一笔债”，都要努力去兑现。要牢记，创业者和投资家所建立的是一种长期合作的伙伴关系。空口许诺，只能得意于一时。如果企业不能兑现承诺，不能偿还债务，企业的信誉必然要受到极大的损害，因而是真正的创业者所不屑为的。

3. 人员及组织结构

有了产品之后，创业者第二步要做的就是结成一支有战斗力的管理队伍。企业管理的好坏，直接决定了企业经营风险的大小。而高素质的管理人员和良好的组织结构则是管理好企业的重要保证。因此，风险投资家会特别注重对管理队伍的评估。企业的管理人员应该是互补型的，而且要具有团队精神。一个企业必须要具备负责产品设计与开发、市场营销、生产作业管理、企业理财等方面的专门人才。在商业计划书中，必须要对主要管理人员加以阐明，介绍他们所具有的能力，他们在本企业中的职务和责任，他们过去的详细经历及背景。此外，在这部分商业计划书中，还应对公司结构做一些简要介绍，包括：公司的组织机构图；各部门的功能与责任；各部门的负责人及主要成员；公司的报酬体系；公司的股东名单，包括认股权、比例和特权；公司的董事会成员；各位董事的背景资料。

4. 市场预测

当企业要开发一种新产品或向新的市场扩展时，首先就要进行市场预测。如果预测的结果并不乐观，或者预测的可信度让人怀疑，那么投资者就要承担更大的风险，这对多数风险投资家来说都是不可接受的。市场预测首先要对需求进行预测：市场是否存在对这种产品的需求？需求程度是否可以给企业带来所期望的利益？新的市场规模有多大？需求发展的未来趋向及其状态如何？影响需求都有哪些因素。其次，市场预测还要包括对市场竞争的情况——企业所面对的竞争格局进行分析：市场中主要的竞争者有哪些？是否存在有利于本企业产品的市场空当？本企业预计的市场占有率是多少？本企业进入市场会引起竞争者怎样的反应？这些反应对企业会有什么影响？等等。

在商业计划书中，市场预测应包括以下内容：市场现状综述；竞争厂商概览；目标顾客和目标市场；本企业产品的市场地位；市场区格和特征等等。创业者对市场的预测应建立在严密、科学的市场调查基础上。创业者所面对的市场，本来就有更加变幻不定的、难以捉摸的特点。因此，创业者应尽量扩大收集信息的范围，重视对环境的预测和采用科学的预测手段和方法。创业者应牢记的是，市场预测不是凭空想象出来，对市场错误的认识是企业经营失败的最主要原因之一。

5. 营销策略

营销是企业经营中最富挑战性的环节，影响营销策略的主要因素包括：（1）消费者的特点；（2）产品的特性；（3）企业自身的状况；（4）市场环境方面的因素。最终影响营销策略的则是营销成本和营销效益因素。在商业计划书中，营销策略应包括以下内容：（1）市场机构和营销渠道的选择；（2）营销队伍和管理；（3）促销计划和广告策略；（4）价格决策。对创业企业来说，由于产品和企业的知名度低，很难进入其他企业已经稳定的销售渠道中去。因此，企业不得不暂时采取高成本低效益的营销战略，如上门推销，大打商品广告，向批发商和零售商让利，或交给任何愿意经销的企业销售。对发展企业来说，它一方面可以利用原来的销售渠道，另一方面也可以开发新的销售渠道以适应企业的发展。

6. **制造计划**

商业计划书中的生产制造计划应包括以下内容：产品制造和技术设备现状；新产品投产计划；技术提升和设备更新的要求；质量控制和质量改进计划。在寻求资金的过程中，为了增大企业在投资前的评估价值，创业者应尽量使生产制造计划更加详细、可靠。一般地，生产制造计划应回答以下问题：企业生产制造所需的厂房、设备情况如何；怎样保证新产品在进入规模生产时的稳定性和可靠性；设备的引进和安装情况，谁是供应商；生产线的设计与产品组装是怎样的；供货者的前置期和资源的需求量；生产周期标准的制定以及生产作业计划的编制；物料需求计划及其保证措施；质量控制的方法是怎样的；相关的其他问题。

7. **财务规划**

财务规划需要花费较多的精力来做具体分析，其中就包括现金流量表，资产负债表以及损益表的制备。流动资金是企业的生命线，因此企业在初创或扩张时，对流动资金需要有预先周详的计划和进行过程中的严格控制；损益表反映的是企业的赢利状况，它是企业在一段时间运作后的经营结果；资产负债表则反映在某一时刻的企业状况，投资者可以用资产负债表中的数据得到的比率指标来衡量企业的经营状况以及可能的投资回报率。财务规划一般要包括以下内容：（1）商业计划书的条件假设；（2）预计的资产负债表；预计的损益表；现金收支分析；资金的来源和使用。可以这样说，一份商业计划书概括地提出了在筹资过程中创业者需做的事情，而财务规划则是对商业计划书的支持和说明。因此，一份好的财务规划对评估创业者所需的资金数量，提高创业者取得资金的可能性是十分关键的。如果财务规划准备得不好，会给投资者以企业管理人员缺乏经验的印象，降低创业者的评估价值，同时也会增加企业的经营风险，那么如何制订好财务规划呢？这首先要取决于创业者的远景规划是为一个新市场创造一个新产品，还是进入一个财务信息较多的已有市场。着眼于一项新技术或创新产品的创业企业不可能参考现有市场的数据、价格和营销方式。因此，它要自己预测所进入市场的成长速度和可能获得的纯利，并把它的设想、管理队伍和财务模型推销给投资者。而准备进入一个已有市场的创业者则可以很容易地说明整个市场的规模和改进方式。创业者可以在获得目标市场的信息的基础上，对企业头一年的销售规模进行规划。企业的财务规划应保证和商业计划书的假设相一致。事实上，财务规划和企业的生产计划、人力资源计划、营销计划等都是密不可分的。

要完成财务规划，必须明确下列问题：

（1）产品在每一个期间的发出量有多大？

（2）什么时候开始产品线扩张？

（3）每件产品的生产费用是多少？

（4）每件产品的定价是多少？

（5）使用什么分销渠道，所预期的成本和利润是多少？

（6）需要雇佣哪几种类型的人？

（7）雇佣何时开始？工资预算是多少？